Michel G. Bédard
Paul Dell'Aniello
Danielle Desbiens

LA MÉTHODE DES CAS

Guide d'analyse, d'enseignement et de rédaction

gaëtan morin
éditeur

Montréal ▫ Paris ▫ Casablanca

Montréal, Gaëtan Morin Éditeur ltée
171, boul. de Mortagne, Boucherville (Québec), Canada, J4B 6G4, Tél. : (514) 449-2369

Paris, Gaëtan Morin Éditeur, Europe
20, rue des Grands Augustins, 75006 Paris, France, Tél. : 33 (1) 53.73.72.78

Casablanca, Gaëtan Morin Éditeur – Maghreb S.A.
Rond-point des sports, angle rue Point du jour, Racine, 20000 Casablanca, Maroc, Tél. : 212 (2) 49.02.17

Révision linguistique : Francine St-Jean

ISBN 2-89105-408-3

Dépôt légal 3e trimestre 1991 – Bibliothèque nationale du Québec – Bibliothèque nationale du Canada

4 5 6 7 8 9 0 1 2 3 G M E 9 1 5 4 3 2 1 0 9 8 7 6

Méthode des cas : guide d'analyse, d'enseignement et de rédaction

Avertissement

Dans cet ouvrage, le masculin est utilisé comme représentant des deux sexes, sans discrimination à l'égard des hommes et des femmes et dans le seul but d'alléger le texte.

TABLE DES MATIÈRES

AVANT-PROPOS

La méthode des cas est une formule privilégiée dans le monde pour la formation de professionnels, tels que les médecins, les avocats, les travailleurs sociaux et, plus particulièrement, les gestionnaires. Cette méthode consiste à amener un groupe d'étudiants ou de personnes en formation à analyser, à discuter et à solutionner une situation problématique élaborée à partir d'un fait vécu. Cette analyse, qui fait appel aussi bien à l'art qu'à la science, est le plus souvent résumée dans un rapport-synthèse individuel ou collectif.

La méthode des cas ne veut pas seulement sensibiliser l'étudiant ou tout autre professionnel à des situations pratiques ; elle demande aussi une préparation individuelle et collective qui fait partie de la formation. Le traitement d'un cas implique en effet tout un processus d'analyse : sélection des données pertinentes, identification du problème et des éléments de solution, décision quant à l'action à prendre. Le travail intellectuel n'est qu'une partie du traitement. L'analyse et la recherche d'une solution viennent à la suite d'un échange dynamique de points de vue entre les étudiants et l'animateur ou l'enseignant. De plus, la réflexion qui débouche sur une décision et une recommandation doit être présentée à un auditoire. Cette situation est semblable à la vraie vie : lorsque des gestionnaires font face à des problèmes, ils sont confrontés à des différences d'opinions.

Un cas est d'abord lu individuellement. Ensuite, il est généralement discuté en petits groupes avant d'être présenté en classe. Cette présentation, selon le choix du professeur ou les habitudes de l'université en question, se fait individuellement ou en groupe. La formule choisie est déterminante. D'une part, la formule de groupe oblige les étudiants à rechercher un consensus qui servira de base à la présentation en classe ou au rapport-synthèse. Lors de ces discussions, les étudiants, confrontés aux opinions de leurs collègues, apprennent à corriger, à approfondir, à réorienter leur vision des faits. Ces discussions servent à provoquer des débats qui permettent aux étudiants d'apprendre à défendre leurs points de vue. Cette tâche est exigeante et les phénomènes de dynamique de groupe peuvent influencer la solution choisie. D'autre part, la présentation individuelle donne moins d'importance aux phénomènes reliés à la solidarité d'équipe mais oblige l'étudiant à assumer ses décisions et son argumentation. C'est là un apprentissage important en termes de gestion personnelle dans une entreprise.

La discussion est une caractéristique fondamentale qui distingue la méthode des cas. Un cas en soi n'est qu'un instrument ; il devient une méthode lorsqu'il est analysé et discuté en petit groupe ou en classe. Cet aspect, souvent oublié, revêt pourtant une importance capitale. Pour que l'exercice soit fructueux, la discussion ne doit pas se réduire à un simple débat ; en fait, il doit dépasser la somme des contributions individuelles. Selon ce point de vue, le rôle de l'enseignant-animateur est déterminant quant à l'utilisation adéquate de la méthode. Le meilleur des cas est inutile s'il est mal exploité et inversement, une situation simple peut dynamiser un groupe d'étudiants si elle est bien animée.

Le cas, instrument qui sert d'appui à la méthode, correspond à un fragment de la vie d'une entreprise ou d'un établissement, d'un gestionnaire ou d'un professionnel. Il reflète ce qu'il y a à la fois de singulier et de typique dans une situation précise. Un cas comporte un certain nombre de renseignements de diverses natures qui permettent aux analystes de comprendre la situation et d'arriver à leurs propres conclusions, à la suite d'une enquête approfondie. Un bon cas devrait soulever auprès des étudiants des questions concrètes sur la réalité du monde des entreprises et les amener progressivement à assumer des rôles auxquels ils seront tôt ou tard appelés à jouer. Cet aspect de la méthode des cas repose entre les mains du rédacteur. S'il est bien conçu, le cas intéressera le lecteur et lui donnera l'information nécessaire pour permettre l'élaboration d'hypothèses, l'argumentation solide de raisonnements et la formulation de recommandations réalistes en vue de l'action à entreprendre. La rédaction d'un cas est donc différente du travail journalistique. Elle comporte aussi des éléments d'éthique que le rédacteur doit respecter.

En somme, la méthode des cas offre trois niveaux d'intérêt : la conception, l'animation et l'analyse d'un cas. Le présent ouvrage comporte trois chapitres en relation avec chacun de ces niveaux d'intérêt. Une certaine logique aurait voulu que le manuel aborde la présentation des thèmes à partir de la conception d'un cas. Nous avons plutôt opté de rédiger ce manuel selon la perspective des étudiants et le premier chapitre, qui traite de l'analyse et de la rédaction du rapport de cas, s'adresse plus particulièrement à eux. Le deuxième chapitre présente la problématique de l'enseignement avec la méthode des cas, et plus particulièrement leur animation. Il s'adresse à l'enseignant ou à l'animateur chargé de la discussion en classe. Le dernier chapitre porte sur la conception des cas et devrait intéresser toute personne désireuse d'en rédiger.

Les deux derniers chapitres permettront peut-être aux étudiants de mieux comprendre le travail de l'enseignant et d'apprécier la qualité d'un cas. De plus, le dernier chapitre pourra susciter l'intérêt d'étudiants qui doivent présenter en classe des situations qu'ils ont observées ou illustrer un aspect ou un autre de la pratique.

* * *

Les trois auteurs sont, chacun à leur façon, préoccupés par la méthode des cas. M. Michel G. Bédard coordonne depuis plusieurs années les cours d'introduction à la gestion des entreprises, cours offerts aux étudiants inscrits à l'un ou l'autre des programmes administrés par la Famille des sciences de la gestion de l'Université du Québec à Montréal. Attentifs aux difficultés rencontrées par les étudiants confrontés pour la première fois à la méthode des cas, M. Bédard et le regretté M. Harry Abravanel ont conçu le *Guide de l'étudiant : l'analyse et la rédaction de cas en administration*, qui a fait l'objet de trois éditions et qui sert de base au présent manuel. Mme Danielle Desbiens a également été sensibilisée au même besoin puisqu'elle a coordonné les cours d'introduction en comportement organisationnel offerts à la majorité des étudiants inscrits en science de la gestion à l'UQAM. Elle s'est particulièrement attardée au renouvellement de la banque de cas dans le domaine. Psychologue de formation, Mme Desbiens s'est intéressée à l'enseignement et à l'apprentissage de cette méthode. Enfin, M. Paul Dell'Aniello enseigne la méthode des cas depuis plusieurs années à de futurs professeurs d'université, dans le cadre du cours de pédagogie du doctorat conjoint en administration, réunissant les quatre universités montréalaises. Lorsqu'il était titulaire de la chaire MacDonald Stewart, M. Dell'Aniello a aussi coordonné la rédaction de nombreux cas sur la PME au Québec.

* * *

L'objectif ultime de ce manuel, divisé en trois guides distincts, quoique intimement liés les uns aux autres, est de favoriser l'utilisation maximale de la méthode des cas. Ce manuel s'adresse particulièrement aux étudiants et aux enseignants de niveau universitaire dans les domaines où les cas sont utilisés comme méthode pédagogique. Il devrait cependant aussi convenir aux classes terminales de niveau collégial, aux firmes de consultation et aux entreprises qui forment le personnel à l'aide de la méthode des cas.

Les auteurs

Je tiens pour impossible
de connaître les parties
sans connaître le tout,
non plus que de connaître le tout
sans connaître particulièrement
les parties !

BLAISE PASCAL (1623-1662),
Pensées.

GUIDE DE L'ÉTUDIANT

I L'ANALYSE DE CAS

1.1 INTRODUCTION

1.1.1 Vue d'ensemble

L'une des fonctions du gestionnaire consiste à résoudre les problèmes qui surgissent en milieu de travail. L'étude de cas constitue une forme d'apprentissage qui permet à l'étudiant d'être confronté à des problèmes de gestion, de développer sa capacité analytique et de s'initier à la prise de décisions dans un univers caractérisé le plus souvent par le risque, l'incertitude et la turbulence.

Normalement, le cas représente une situation vécue dans l'entreprise. Les données permettent à l'étudiant de définir le problème et de choisir parmi plusieurs options ou solutions possibles, celle qui convient le mieux.

Les problèmes et les analyses proposées par les étudiants, soit sur une base individuelle, soit en groupe, font l'objet de discussions en classe. Cela permet la mise en commun des connaissances et des expériences personnelles ainsi qu'une analyse plus approfondie des solutions de la situation.

Le cas peut également faire l'objet d'un rapport et ce dernier constitue l'aboutissement du travail d'analyse effectué en groupe. Il fait état des problèmes à résoudre, des facteurs critiques, des options possibles, de recommandations concrètes et de l'implantation de ces options.

L'analyse de cas proprement dite comporte deux grandes étapes : la résolution de cas (section 1.2) et la rédaction du rapport d'analyse (section 1.3). Un exemple de rapport est présenté à la section 1.4.

La figure 1.1 présente les interrelations entre les sections et les sous-sections de ce guide. On y décrit les étapes d'analyse et de rédaction. La qualité d'un rapport est déterminée par l'ensemble des étapes et non seulement par la qualité de la solution recommandée.

FIGURE 1.1 Étapes de l'analyse de cas

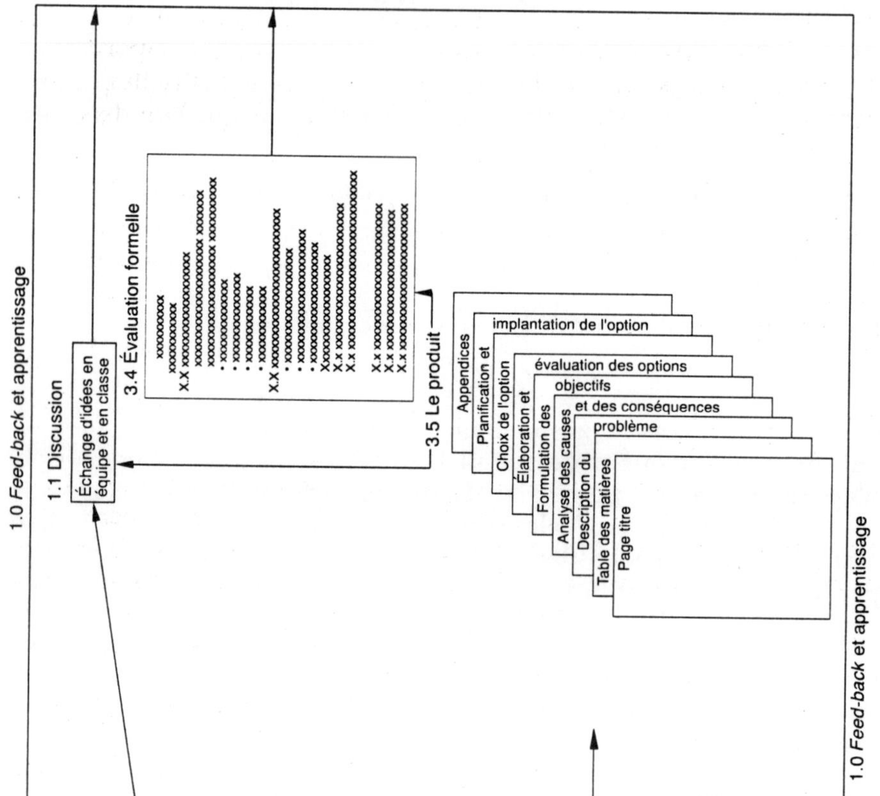

On observe une interdépendance entre les activités mettant en relief l'aspect formel du processus. Certes, chaque cas est unique en soi et il importe à l'analyste de s'adapter aux circonstances et aux particularités propres à chaque discipline (marketing, comportement organisationnel, stratégie d'entreprise, relations industrielles, administration publique, etc.). Néanmoins, le processus que l'on décrit est relativement universel.

Il est à noter que même si les étapes de préparation et de rédaction sont présentées ici selon une approche séquentielle, il peut en être autrement dans la réalité. Pour diverses raisons, l'analyse peut parfois revenir à certaines étapes effectuées antérieurement. Il serait alors plus juste de percevoir le processus sous un angle itératif.

1.1.2 Le cas

Les cas décrivent des événements qui se sont produits ou qui pourraient se produire dans les entreprises. Ils sont présentés de façon à permettre à l'étudiant de comprendre la situation ou du moins, de saisir le problème. Comme dans la réalité, les données du cas écrit ne sont pas toujours complètes, ni toujours claires. Afin de combler ces lacunes, l'étudiant, comme le dirigeant d'entreprise, doit formuler des hypothèses basées soit sur ses observations, soit sur son expérience, soit sur ses connaissances théoriques. Ainsi, le cas relie la théorie (connaissances) à la pratique (situation dans l'entreprise).

FIGURE 1.2 Quatre types de situations de cas

		Quantité et qualité des faits	
		élevée	faible
Degré de structuration	élevé	connue et structurée 1	moins connue et structurée 2
	faible	connue et peu structurée 3	moins connue et peu structurée 4

L'étudiant joue en quelque sorte le rôle de conseiller interne ou externe, de « preneur de décisions », ou encore de stratège dans l'entreprise. En ce sens, le cas permet à l'étudiant de constater que la gestion est à la fois un savoir formel et une science appliquée offrant des schémas conceptuels et des méthodes pratiques destinées à augmenter l'efficacité des actions (figure 1.3).

FIGURE 1.3 Les activités associées à la pratique du gestionnaire

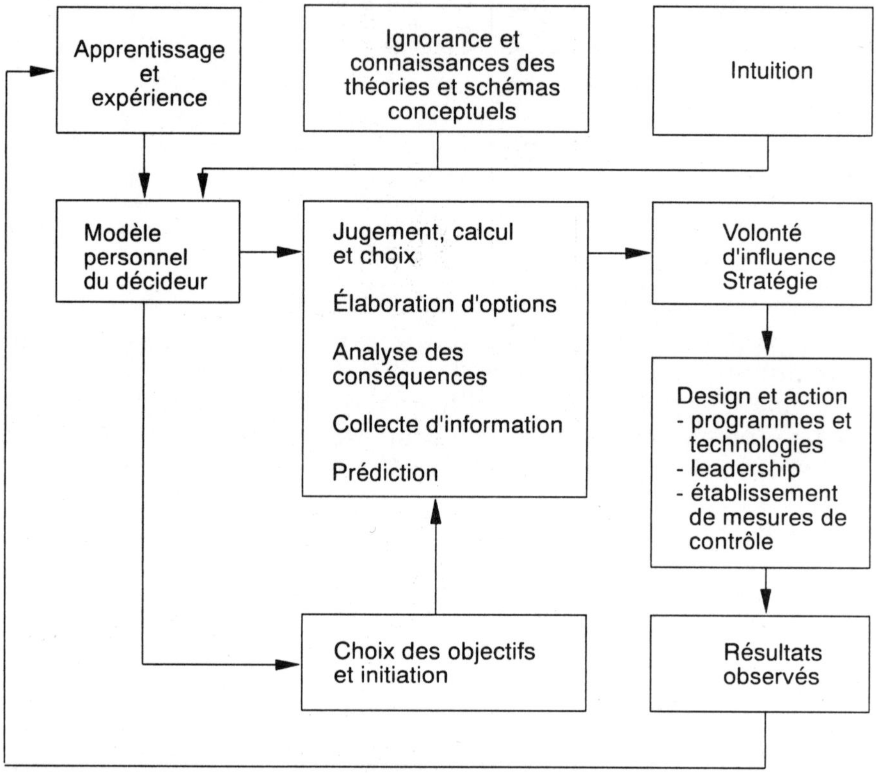

Source: Adaptation de M. Bédard et R. Miller, Direction des entreprises: Concepts et applications, Montréal, McGraw-Hill Éditeur, 1re édition, 1985, p. 15.

L'analyse de cas n'est pas uniquement formelle. Dans la pratique, elle requiert énormément d'intuition et de jugement. Elle permet de développer chez l'étudiant ses facultés intellectuelles ou ses connaissances, son jugement et sa capacité de prendre des décisions. Par ailleurs, la qualité du travail de gestion que l'on peut offrir s'améliore avec l'expérience, avec l'apprentissage de méthodes théoriques et analytiques permettant de structurer les problèmes et d'appliquer les solutions proposées (figure 1.4).

FIGURE 1.4 Les trois étapes de la solution d'un problème

Étape 1 Information	Étape 2 Décision					Étape 3 Stratégie d'implantation
Activités de recherche des données pertinentes	Activités d'identification et de définition du problème	Activités associées à l'analyse des causes et des conséquences	Activités associées à la formulation des objectifs	Activités associées à l'identification et à l'évaluation des options	Activités associées au choix d'une option	Activités associées à la planification et à l'implantation de l'option

1.1.3 Les objectifs de l'analyse de cas

En résumé, en tant que méthode d'apprentissage, l'analyse de cas vise à atteindre plusieurs objectifs :

- Améliorer le jugement de l'étudiant, qui doit choisir parmi les solutions proposées par ses pairs celle qui convient le mieux (composante informationnelle). Pour ce faire, il doit savoir confronter son opinion à celle des autres, évaluer les données du cas, établir leur validité et faire la différence entre les faits et les opinions.
- Stimuler chez l'étudiant son sens de l'initiative et sa créativité, en lui permettant de se servir de ses propres expériences et connaissances pratiques pour interpréter les faits et juger de leur importance relative (composante décisionnelle). Cependant, il est essentiel de s'assurer que les intuitions et les hypothèses s'appuient sur les données du cas.
- Développer les habiletés de raisonnement et de communication de l'étudiant et la pensée logique, et préciser l'expression de cette pensée en termes clairs et convaincants (composante interpersonnelle). Puisque l'analyse doit se faire par étapes distinctes, logiquement reliées entre elles, cela devrait contribuer à développer les aptitudes nommées précédemment.
- Développer chez l'étudiant le sens de la responsabilité en lui faisant prendre conscience de l'importance des conséquences à long terme de ses recommandations, ainsi que des facteurs humains inhérents à la situation.

En somme, l'analyse de cas est une méthode d'apprentissage qui ne consiste pas à retenir des formules toutes faites, mais à acquérir, au moyen de situations problématiques, un savoir-faire dans des circonstances particulières.

A. Les approches analytiques

L'approche systémique

Cette approche considère l'unité (organisation, groupe, individu, département, etc.) comme un système qui transforme les « intrants » en « extrants ». Dans ce cas, il est important de connaître tous les aspects du système : les marchés, les environnements externe et interne, les priorités, les tâches clés et les interdépendances et interrelations entre ces aspects. Les schémas, les représentations mettant en évidence les relations entre variables et les relations de cause à effet constituent d'excellents outils.

L'objectif visé réside ordinairement dans la conception, le design d'un nouveau système ou encore dans la rationalisation d'un système déjà existant.

L'approche comportementale

Le comportement et les relations interpersonnelles sont les éléments clés de cette approche. De ce point de vue, les individus et les groupes formels et informels constituent les « unités d'analyse ». Dans cette approche, la motivation, la communication, les besoins, l'idéologie, les attitudes, les valeurs, la structure, etc., sont généralement pris en considération.

L'approche décisionnelle

Cette approche suggère l'utilisation d'un certain nombre d'outils ou de modèles servant à identifier et à évaluer les différentes options (analyse de coûts, analyse pro forma, etc.).

L'approche mixte

Bien souvent, on doit utiliser les trois approches dans un même cas, car celles-ci sont complémentaires. Par exemple, le cas suggéré à la section 1.4 est analysé principalement selon l'approche comportementale ; on aurait tout aussi bien pu privilégier une approche décisionnelle ou systémique pour l'analyse.

B. Les types d'analyse de cas

Les analyses de cas effectuées par les étudiants sont, en général, de quatre types : l'analyse conceptuelle, l'analyse spécialisée, l'analyse initiale et l'analyse intégratrice.

L'analyse conceptuelle

Elle procède à un examen approfondi des éléments clés du cas et propose les recommandations principales et les facteurs quantitatifs et qualitatifs qui les étayent.

L'analyse spécialisée

Elle se penche sur un aspect spécifique du cas (par exemple, la finance, le comportement, la production) et fournit de nombreux détails.

L'analyse initiale

Elle examine les aspects selon lesquels il est le plus logique d'aborder le cas. L'étudiant identifie les facteurs principaux du cas, et les alternatives majeures qui constitueront le sujet de la discussion en classe.

L'analyse intégratrice

Elle introduit des données obtenues en dehors du cas, soit tirées de l'industrie, des rapports annuels, de l'expérience personnelle, etc. Ces données ont généralement pour objet d'éclairer un aspect particulier du cas.

1.1.4 La discussion en classe

A. Le rôle de l'étudiant

Puisque le but de l'étude de cas est d'améliorer l'habileté analytique de l'étudiant, ce dernier doit participer de façon active à toutes les discussions, aussi bien en classe que dans son équipe, s'il y a lieu. Afin que la discussion en classe puisse être bénéfique, chaque étudiant doit se préparer sérieusement. Par ailleurs, ce n'est qu'au prix d'analyses individuelles réfléchies que les étudiants pourront découvrir, en groupe, tous les aspects possibles du problème. Leurs solutions auront alors au moins le mérite d'être davantage pertinentes et bien fondées.

En plus de se préparer sérieusement, l'étudiant doit savoir exprimer ses idées de façon claire et précise. Le débat en classe dépend, en grande partie, de cette capacité. Il doit essayer de faire valoir son point de vue tout en acceptant, s'il y a lieu, les idées formulées par ses pairs.

B. Le rôle de l'enseignant

L'enseignant doit faciliter l'apprentissage en agissant comme animateur de la discussion. Il doit aider les étudiants à découvrir les aspects du cas qui n'ont pas été soulevés, à orienter la discussion et à poser des questions pertinentes. Le rôle de l'enseignant ou de l'animateur fait l'objet du deuxième chapitre de ce manuel.

C. Le rôle de la critique

Les étudiants doivent rendre les discussions en classe intéressantes et efficaces. C'est leur responsabilité. Une critique à la fois constructive et éclairée constitue un facteur déterminant dans le succès de l'apprentissage de la méthode d'analyse de cas.

Une fois qu'il a présenté ses idées, l'étudiant sérieux demeure attentif à l'évaluation qu'en font ses pairs. Il écoute tous les commentaires, même ceux qui expriment des points de vue contredisant le sien. Il apprend également à prendre en considération l'évaluation de ses pairs et à incorporer à son analyse les points pertinents pour en arriver à des solutions plus justes. Bref, il s'agit d'une critique dont le rôle est d'éclairer et non de détruire.

1.1.5 Les équipes

L'un des aspects essentiels de l'analyse de cas est le travail en groupe dont l'objectif est de situer les étudiants dans le cadre réel des entreprises où travaillent des gestionnaires de milieux différents, qui véhiculent des valeurs, des idéologies et des philosophies différentes, qui ont des comportements divers et qui sont amenés à prendre des décisions dans l'intérêt collectif, dans celui de l'entreprise.

Ainsi, les étudiants sont divisés en équipes afin de préparer et de présenter l'analyse. L'expérience a par ailleurs démontré que l'efficacité du travail en équipe est influencée par six facteurs. Tout d'abord, il est conseillé de former les équipes au tout début du trimestre. De plus, il semble que le nombre maximal d'étudiants dans une équipe se situe entre trois et cinq. Pour que le travail soit bien fait, il faut que les membres de l'équipe démontrent une attitude sérieuse ; ils doivent s'assurer d'être présents aux rencontres de groupe et fournir l'effort nécessaire. On doit également tenir compte de la diversité. On entend par là, l'importance d'avoir des étudiants dont les expériences de travail ainsi que les expériences personnelles sont variées. Ils pourront ainsi apporter différents points de vue à la discussion. Il est primordial que l'entente règne entre les membres de l'équipe, sinon le travail devient impossible. Finalement, tous les étudiants doivent avoir une attitude responsable. Ce dernier facteur vaut aussi bien à l'étape de la préparation individuelle qu'à celle du travail effectué en groupe.

1.2 LA RÉSOLUTION DE CAS

Procéder à une analyse de cas n'est pas aussi simple qu'on pourrait le croire au premier abord. En fait, l'intuition ne suffit pas. L'étudiant doit apprendre à raisonner de façon systématique. La pratique peut également lui venir en aide. Mais avant tout, il doit accepter d'apprendre en faisant des erreurs. En persévérant, il pourra arriver à maîtriser les diverses étapes du processus d'analyse. Ces étapes sont les suivantes : le relevé des données pertinentes, la description du problème, l'analyse des causes et des conséquences, la formulation des objectifs, l'élaboration et l'évaluation des options, le choix d'une option et la planification et l'implantation de l'option choisie (figure 1.5).

FIGURE 1.5 Activités associées à la résolution d'un cas

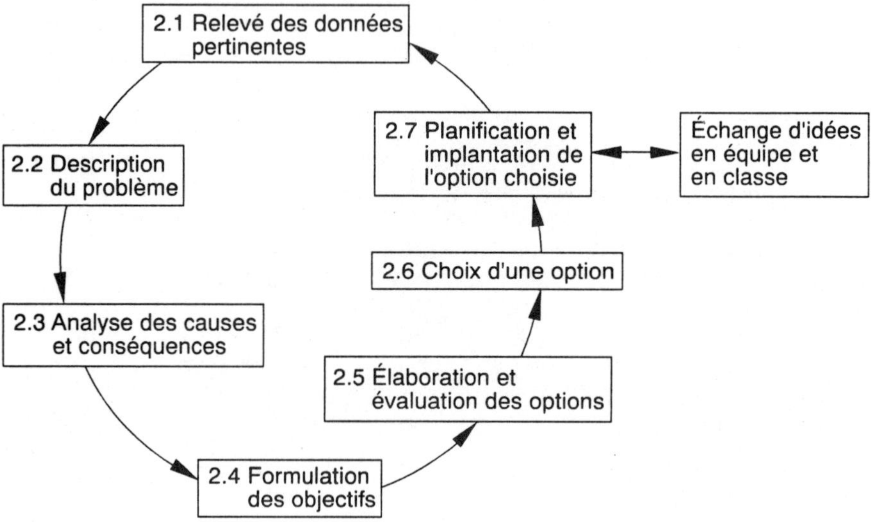

Rappelons que ces différentes étapes peuvent être regroupées sous trois grands volets : recherche et intégration de l'information (relevé des données pertinentes) ; décision (description du problème, analyse des causes et des conséquences, formulation des objectifs, élaboration et évaluation des options, choix d'une option) ; et stratégie d'implantation (planification et implantation de l'option), voir figure 1.4.

1.2.1 Le relevé des données pertinentes

Le relevé des données pertinentes correspond au premier grand volet de l'analyse de cas, c'est-à-dire la recherche de l'information. Cette étape consiste à établir des liens entre des faits saillants sous une forme logique et structurée. Cet agencement de faits contribuera à rendre encore plus vraisemblable la problématique ainsi que l'analyse des causes et des conséquences. Voici les principales activités qu'il peut prendre en considération à cette étape-ci :

- Lire le cas attentivement, plus d'une fois s'il le faut, afin de se faire une idée de la situation et de bien comprendre toutes les données.
- Relire le cas tout en notant les points saillants. Tenir compte, s'il y a lieu, des contextes social, économique et politique dans l'évaluation du cas. Par exemple : 1991 — récession ; 1970 — inflation ; 1930 — dépression économique.
- Identifier le type de compagnie (taille, organisation, procédés et services ou produits) et tenter de se faire une impression générale de son climat ou caractère, ainsi que de l'environnement dans lequel elle est implantée.
- Identifier les différentes phases et leurs principales caractéristiques, ainsi que l'orientation, les priorités, les changements et les facteurs clés pour assurer la réussite de l'entreprise.

1.2.2 La description du problème

Cette étape ainsi que les quatre étapes suivantes constituent le second volet de l'analyse de cas : la décision. Celle-ci va se traduire, soit par une modification du système existant, soit par un changement radical de système. Dans ce dernier cas, il s'agit d'une action de nature innovatrice.

- Classer et inscrire les données sous des rubriques ou des thèmes appropriés. Essayer de découvrir les liens qui existent entre les différents facteurs présentés à chaque rubrique et entre les rubriques. Ce procédé permet de cerner les problèmes qui se posent.
- Dresser une liste provisoire de tous les problèmes identifiés et chercher les causes de ces problèmes. Faire le lien entre les différents problèmes. Identifier les problèmes connexes ou symptomatiques.
- Placer les problèmes essentiels par ordre d'importance, en tenant compte du degré d'urgence relié à chaque problème et des relations entre les problèmes. Distinguer les problèmes majeurs des sous-problèmes.

Mentionnons, afin d'éliminer toute ambiguïté, que pour les acteurs (par exemple, les gestionnaires, les employés, etc.) qui interviennent dans un cas, la résultante des faits évoqués plus haut constitue un problème, tandis que pour l'observateur ou l'analyste, il se présente comme un symptôme. Pour les acteurs, le problème est synonyme d'aboutissement, tandis que pour les seconds, il devient le point de départ d'une analyse qui conduit à un diagnostic et, ultimement, à une prise de décision.

Il faut noter que certains cas donnent lieu à une problématique plutôt qu'à un problème, au sens où on l'entend généralement. De tels cas suscitent ordinairement des interrogations qui donnent matière à réflexion. En voici quelques exemples : des dirigeants s'interrogent sur le bien-fondé d'un règlement public ; on demande à l'étudiant de se prononcer sur le financement des systèmes sociaux.

1.2.3 L'analyse des causes et des conséquences

D'une part, l'observateur entrevoit la réalité selon la perception qu'il se fait des événements, des discours véhiculés, de la personnalité des acteurs évoluant dans une situation donnée, etc. D'autre part, il entrevoit la réalité selon ses propres valeurs, philosophies, visions, schèmes de réflexion, etc.

Afin de dépasser le stade primaire de la perception, l'analyse devra faire appel, à cette étape, à des notions, à des concepts, à des paradigmes de référence pour pousser plus loin la réflexion sur les causes profondes du symptôme. C'est en quelque sorte une étape de raisonnement qui fait appel à une démarche inductive, analytique. L'étape de l'analyse des causes et des conséquences est finalement une analyse de relations de causes à effets en chaîne, qui débouche sur le diagnostic, le jugement final (figure 1.6) par rapport à une situation donnée. Cette étape consiste à trouver, à partir des faits saillants évoqués plus haut et selon les critères et les principes d'une saine gestion, des pistes d'explication.

FIGURE 1.6 Modèle de diagnostic

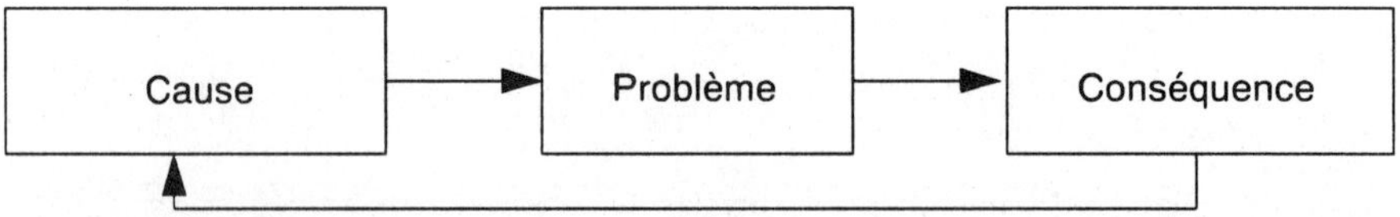

Ex.: La Compagnie d'usinage Antoine Martin inc.
(voir la section 1.4)

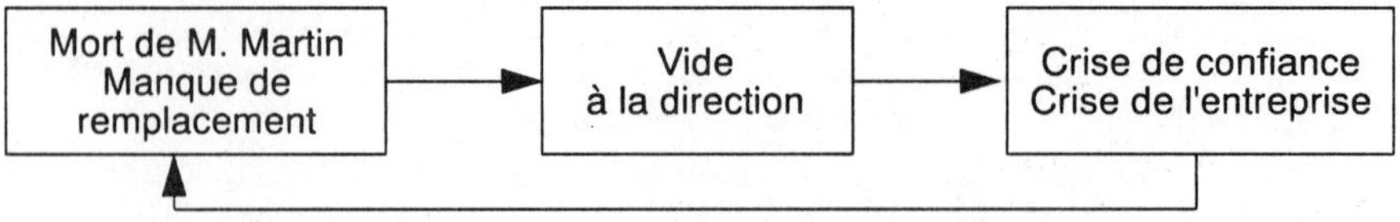

Le diagnostic doit être conçu de façon à expliquer tous les symptômes ou malaises soulevés antérieurement.

Voici, en résumé, les principales activités relatives à l'étape de l'analyse des causes et des conséquences :

- Une fois le problème cerné, identifier et faire une liste des causes qui l'ont provoqué et des conséquences qui en découlent.
- En faisant référence au cas, extraire les données reliées aux points soulevés et laisser les autres facteurs de côté.
- Définir les renseignements manquants et élaborer les hypothèses qui permettront d'effectuer l'analyse. S'assurer que les hypothèses s'appuient sur les données disponibles.
- Rassembler et organiser les faits de façon à mettre en relief les points soulevés, faire une séparation entre les faits, les hypothèses et les opinions reliés au cas et, finalement, conclure par un diagnostic.

1.2.4 La formulation des objectifs

Les objectifs doivent être précis, énoncés de manière à être bien compris de tous, de façon quantifiable et mesurable.

- Établir une liste des critères et des priorités qui servent à évaluer les options. Juger du bien-fondé des critères suivants, dont l'emploi est très répandu (ces critères font référence aux aspects internes de l'entreprise) :
  - le risque impliqué ;
  - la croissance désirée ;
  - la perte ou le gain financier ;
  - le facteur temps ou la durée ;
  - la réduction de l'effort : les meilleurs résultats avec un minimum d'effort ;
  - la disponibilité des ressources humaines (quantité et qualité) ;
  - la préférence des hauts dirigeants ayant de l'influence (valeurs, style, personnalité) ;
  - l'acceptation des solutions par les personnes concernées ;
  - la disponibilité des fonds internes ou externes nécessaires à la mise en pratique de la solution.
- Identifier et noter par écrit les limites possibles (contraintes) de la solution envisagée pour résoudre le problème principal. Par exemple, des politiques internes, certaines valeurs personnelles du directeur ou une idéologie peuvent exclure le lock-out comme solution aux litiges entre le syndicat et la direction de l'entreprise.

1.2.5 L'élaboration et l'évaluation des options

Cette étape correspond aux moyens déjà mis de l'avant par des acteurs qui évoluent dans le cas ou encore proposés par l'étudiant-analyste, afin d'atténuer la situation problématique perçue au départ. Cette étape fait appel à l'intuition et au jugement (administration = un art) et aux connaissances fondées sur la théorie et l'expérience (administration = une science). Les options doivent être élaborées et évaluées en fonction des objectifs dont il est question plus haut. Voici les principales activités :

- Trouver toutes les solutions raisonnables et pratiques qui pourraient résoudre le problème principal. Éliminer toutes les autres options. Tenir compte des modifications utiles que l'on peut apporter aux solutions, ainsi que de toutes les combinaisons possibles. S'assurer que chaque solution est une option réelle et non la version d'une option déjà énumérée.
- Définir clairement chaque option en apportant le plus de précision possible. Réfléchir à chacune d'entre elles et faire le meilleur pronostic des conséquences qu'entraînerait leur mise en pratique. Par exemple : que résoudraient-elles ? quelles seraient les personnes impliquées ? quels en sont les avantages et les désavantages ?
- Faire une évaluation complète de chaque option en fonction des critères établis à l'étape précédente et classer les conséquences prévues de chaque option sous les rubriques « avantages » ou « désavantages », disposées normalement en deux colonnes.
- Qualifier et quantifier chacune des évaluations qui sont faites.
- Il est toujours possible que le statu quo soit une option, c'est-à-dire de ne rien changer. Si on propose de ne rien faire, il faut cependant démontrer les avantages et les désavantages par rapport aux autres options et les actions nécessaires pour améliorer les résultats (contrôle, *feed-back*, responsabilités).

En règle générale, et par définition, un cas requiert une action plutôt que le statu quo.

1.2.6 Le choix d'une option

Maintenant, il faut choisir une option à l'aide d'une recommandation à la personne responsable de la planification et de l'implantation. Il faut donc justifier l'option privilégiée, démontrer que l'on a fait la recherche et le travail nécessaire, que l'on est suffisamment objectif, c'est-à-dire que l'on a pris en considération toutes les principales options. Finalement, il faut savoir communiquer l'information de façon claire et efficace.

Pour en arriver à ce résultat, il faut procéder à une comparaison de toutes les options afin de montrer pourquoi la recommandation préconisée est la meilleure, c'est-à-dire utiliser les critères et les priorités identifiés dans l'analyse, ou expliquer pourquoi sa recommandation est supérieure à toutes les autres. Si on veut formaliser une comparaison, on peut faire une évaluation comparative, comme l'exemple suivant.

Comment comparer et évaluer des aspects non quantitatifs :

- Choisir et classer par ordre d'importance les critères servant à évaluer les conséquences non quantitatives ou intangibles de chaque option. Par exemple, le maintien du pouvoir centralisé peut, dans certains cas, avoir priorité sur de nouvelles mesures de décentralisation.
- En se basant sur l'évaluation préliminaire, inscrire, brièvement mais en ordre, sur un tableau de décisions les conséquences non quantitatives ou intangibles de chaque option. Attribuer une position numérique (de 1 à 10) à chaque option, selon sa capacité de satisfaire chacun des critères. Afin de dresser un index approximatif de la valeur de chaque option qui se trouve sous la rubrique d'un certain critère, multiplier la valeur numérique attribuée à ce critère par la position numérique prévue par rapport à la satisfaction. Additionner les points obtenus à l'index afin d'arriver à un total pour chaque option.
- Inscrire au tableau de décisions les gains ou les pertes prévus, calculés en dollars si possible. Comparer les options à des valeurs monétaires, et selon un pointage non quantitatif. Revoir le tableau et ajuster les totaux, le cas échéant. Éliminer les options les moins acceptables. Choisir l'option qui convient le mieux à la situation en question. Dresser une liste des autres options en ordre décroissant d'acceptation.
- Se demander si la solution choisie pour résoudre le problème le plus important entraînera la disparition des autres problèmes majeurs. Sinon, répéter les étapes d'analyse des causes et des conséquences, d'élaboration et d'évaluation des options et de choix de l'option (sections 1.2.3, 1.2.5, 1.2.6) pour chaque problème majeur qui reste.

Il est préférable de présenter d'abord l'option qui semble la meilleure, et ensuite d'indiquer ses avantages par rapport aux autres options. Si on décide finalement de ne rien faire, il faut justifier cette décision, tout comme on le ferait pour toute autre option.

Il faut noter qu'une option peut comporter à la fois des éléments tangibles (par exemple, le capital, les ressources humaines, les produits et les services) et des éléments intangibles (par exemple, le leadership, le système de valeurs de la direction, la volonté de réussir).

Avant de prendre une décision finale, l'étudiant doit se soumettre à un dernier exercice, c'est-à-dire faire en sorte que l'option retenue soit la plus cohérente possible. Ordinairement, cette option sera le résultat d'un compromis. Par exemple, le choix d'une stratégie pourra être le résultat de ce qu'une organisation est en mesure de réaliser (stratégie réalisable) et ce qu'elle devrait effectivement réaliser selon des critères économiques et concurrentiels (stratégie souhaitable).

À cette étape cruciale, l'analyste se gardera bien de faire intervenir des considérations subjectives et personnelles.

1.2.7 La planification et l'implantation de l'option

Cette dernière étape correspond au troisième grand volet de l'analyse de cas : la stratégie d'implantation. Replacée dans le contexte des entreprises, elle revêt un caractère important. En effet, il ne suffit pas de songer uniquement aux actions à prendre, mais aussi de savoir de quelle façon les mettre à exécution. Du rêve, il faut maintenant passer à la réalité.

Dans cette partie, on cherche à identifier qui va faire quoi, quand et comment. Le pourquoi est déjà spécifié. La présente étape doit être claire, simple, et suivre un cheminement préalablement déterminé :

- Établir l'ordre à suivre dans l'implantation des étapes de la solution, savoir qui doit en donner l'autorisation et quelles sont les personnes en mesure de fournir des conseils utiles.
- Afin que la solution puisse donner de meilleurs résultats, établir la manière de minimiser ses désavantages tout en profitant au maximum de ses avantages.
- Déterminer les intrants, tant physiques qu'humains, qui sont nécessaires à l'implantation de la recommandation.
- Établir le système d'évaluation et de contrôle dont on se servira pour obtenir un *feed-back* des conséquences de l'implantation.
- Si certaines hypothèses acceptées pour les fins de l'analyse doivent être vérifiées, ou si l'on doit entreprendre des études supplémentaires, en préciser les objectifs, la méthodologie, la durée et le coût.

La figure 1.7 résume cette partie du chapitre consacrée à l'analyse de cas. On y voit clairement les trois grands volets auxquels nous avons fait allusion, c'est-à-dire la recherche et l'intégration de l'information, la décision et la stratégie d'implantation ainsi que les étapes et les éléments clés de l'analyse (les symptômes, les critères et les principes d'une saine gestion, puis le diagnostic).

FIGURE 1.7 Volets, étapes et autres éléments clés de l'analyse de cas

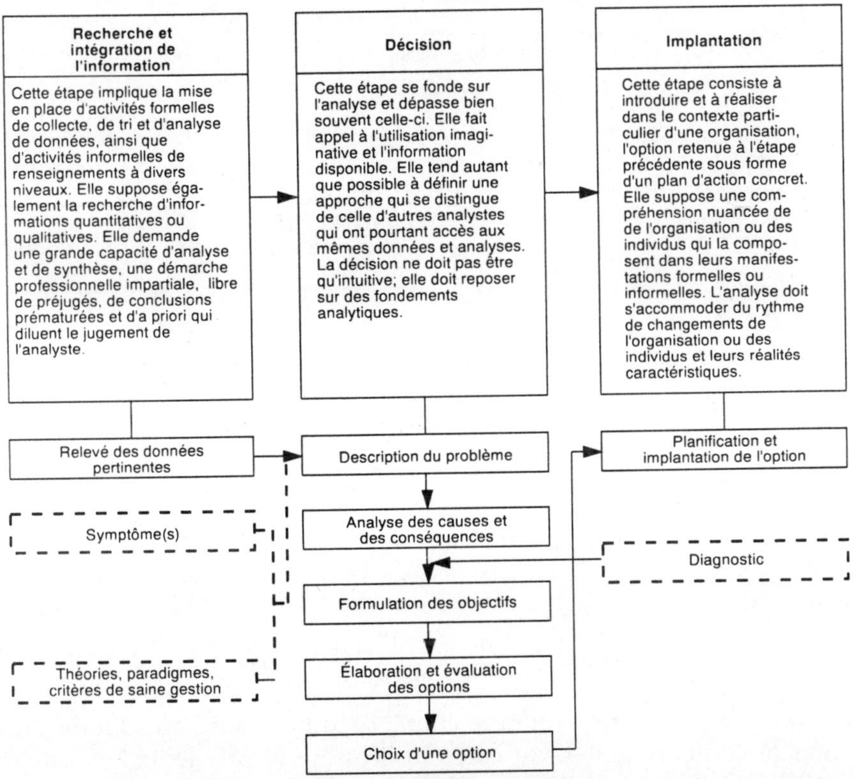

Note : Les volets « recherche et intégration de l'information », « décision » et « stratégie d'implantation » proviennent des travaux de Y. Allaire et M. Firsirotu en stratégie d'entreprise (Y. Allaire et M. Firsirotu, « Penser la stratégie et la réaliser », dans La direction des entreprises, concepts et application, Montréal, R. Miller Éditeur et McGraw-Hill Éditeur, 1988, p. 316). La partie inférieure de la figure s'inspire des travaux de J.C. Savoie, chargé de cours au Département d'administration de l'UQAM, sur la méthode des cas.

1.3 LA RÉDACTION DU RAPPORT DE CAS

Après avoir analysé le cas et participé à des discussions en équipe, l'étudiant est maintenant prêt à rédiger un rapport formel. Le but de ce rapport consiste à présenter de façon cohérente et systématique les résultats les plus significatifs de l'analyse de cas. Il est important que l'étudiant puisse s'exprimer clairement et logiquement par écrit.

La rédaction du rapport, en tant que processus différent de l'analyse de cas, se compose de plusieurs étapes : la préparation des grandes lignes de pensée, la préparation du brouillon et sa révision, l'évaluation du rapport, la rédaction de la version finale, la dactylographie et la correction (figure 1.8).

FIGURE 1.8 Rédaction du rapport

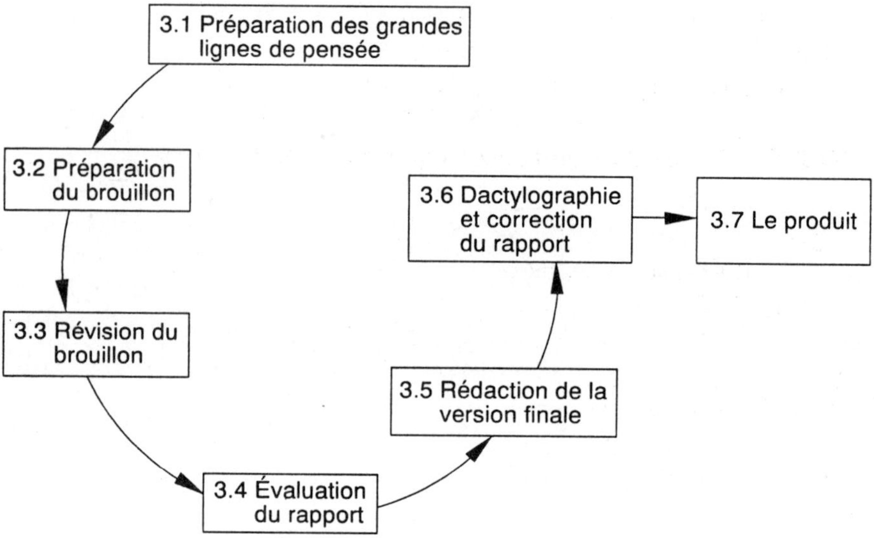

1.3.1 La préparation des grandes lignes de pensée

Avant d'entamer cette première étape, l'étudiant aura eu soin de présenter le contexte global du cas (Où se situe le problème ? À quelle époque ? De quelle façon le problème s'est-il produit ?, etc.). Par la suite, il doit prendre en considération les étapes suivantes dans la préparation du rapport :

- la description du problème ;
- l'analyse des causes et des conséquences ;
- la formulation des objectifs ;
- l'élaboration et l'évaluation des options ;
- le choix de l'option ;
- la planification et l'implantation.

Étant donné que l'étape de l'analyse est la plus complexe, on suggère de dresser les grandes lignes des autres étapes comme suit :

- La description du problème : énoncer brièvement le problème principal (s'il s'agit de plusieurs problèmes, les énumérer par ordre de priorités) qui est visé par le cas, urgence ou non.
- La formulation des objectifs : établir la liste des critères qui serviront à évaluer les options.
- L'élaboration et l'évaluation des options : procéder à une évaluation des avantages et des désavantages de chacune des options trouvées, à partir de critères préalablement établis.
- Le choix de l'option : identifier la solution la plus pertinente.
- La planification et l'implantation de l'option choisie : indiquer brièvement la marche à suivre pour implanter l'option retenue.

FIGURE 1.9 Une vision concentrique du rapport de cas

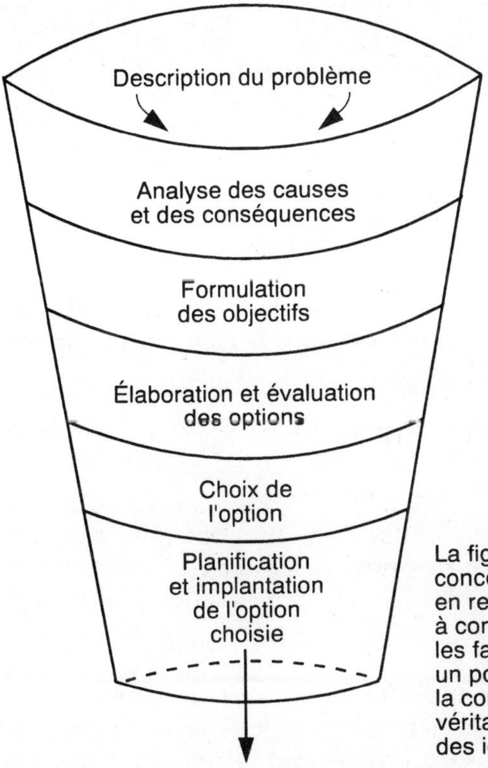

La figure 1.9 offre une vision concentrique du rapport mettant en relief la progression des facteurs à considérer et faisant converger les faits et les interprétations vers un point essentiel, un chemin qui crée la confiance, la clarté, qui constitue une véritable contribution à l'avancement des idées.

1.3.2 La préparation du dossier préliminaire

Le matériel qui sert à la préparation du dossier préliminaire provient de quatre sources : le relevé des données pertinentes (1.2.1), la description du problème (1.2.2), l'analyse des causes et des conséquences (1.2.3) et la formulation des objectifs (1.2.4). À cette étape, bien que l'on mette l'accent sur le contenu et la structure, la formulation demeure très importante et doit être choisie en tenant compte des intérêts ou des besoins des lecteurs, des gestionnaires ou d'un comité quelconque.

La méthode à employer pour rédiger le rapport est différente de celle que l'on utilise pour analyser le cas ou pour prendre des notes en classe. Il s'agit d'une organisation logique des données permettant au lecteur de comprendre chaque section une fois qu'il connaît le contenu des sections précédentes. Cela signifie que les sections du rapport sont interdépendantes, et que l'on passe de l'une à l'autre de façon logique et progressive. Chaque section doit tenir compte des contraintes présentées à la section précédente. On ne doit jamais introduire de nouveaux sujets dans une section avancée du rapport. Une nouvelle idée doit être introduite dans l'une des sections du début, afin que l'on puisse la traiter en détail par la suite.

Le dossier préliminaire s'écrit à double ou à triple interligne, afin d'en faciliter la correction. Chaque section doit être rédigée sur des pages séparées.

Après avoir défini le problème, les principales parties du rapport doivent normalement suivre cet ordre : l'analyse des causes et des conséquences qui donne lieu à un diagnostic, la formulation des objectifs, l'élaboration et l'évaluation des options, le choix d'une option et la planification et l'implantation de l'option retenue.

Lors de la rédaction de la version finale, on place la définition du problème en première position (voir la section 1.3.2.6), tout comme on le fait dans le domaine de la consultation.

A. L'analyse des causes et des conséquences

Les aspects historiques

Afin de faire une analyse plus approfondie de certains aspects d'un cas, il est utile de se servir d'un schéma. Notre expérience a démontré qu'un schéma historique peut être utile (figure 1.10). Ainsi, un cas comporte ordinairement trois phases : la période précédant les changements recommandés (période I), la période de transition (période II) et la période suivant l'implantation des changements (période III).

De plus, la période décrite dans le cas se divise normalement en plusieurs phases et peut être caractérisée par un changement de stratégie, de leader, de technologie, de marchés, de style organisationnel, etc.

L'étudiant doit se souvenir qu'il adopte un point de vue historique qui place le point « b » en position stratégique, puisqu'il sépare le passé et le présent de l'avenir. C'est justement cet avenir que doit prendre en considération l'étudiant. Il doit se demander qui lira son rapport et doit s'assurer que l'on peut attribuer à la personne (ou au comité) la responsabilité d'implanter les recommandations avec un maximum d'efficacité.

FIGURE 1.10 Perspective historique

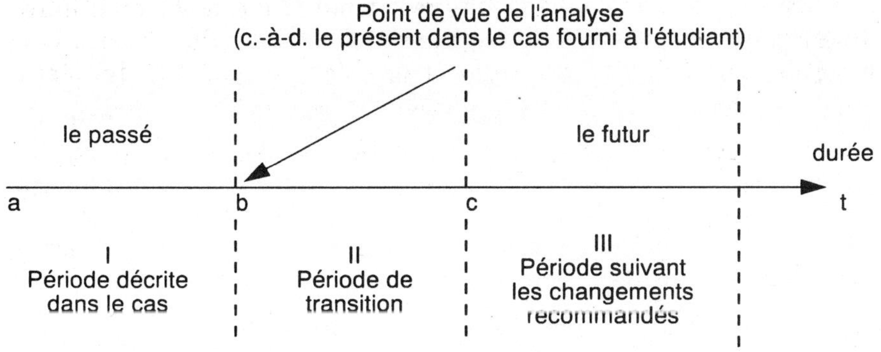

Les aspects analytiques

Étape descriptive de l'analyse

Une fois la perspective historique délimitée et les destinataires identifiés, l'étudiant est en meilleure position pour élaborer un schéma d'analyse qui atteigne les objectifs visés.

Il s'agit ici d'énumérer les facteurs à examiner et de choisir un système logique de représentation des faits : perspective historique, schéma causes-effets, approche systémique, etc. La structure choisie afin d'expliciter les faits doit rester simple pour les fins de la communication.

Cette étape sert à identifier les variables endogènes ou stratégiques dans le cas. Ces variables sont celles que le gestionnaire peut influencer afin d'améliorer la situation. Les variables exogènes sont celles qu'il ne peut modifier ou qui échappent en tout ou en partie à son action (par exemple, le contexte économique). En démontrant les liens entre les variables, l'étudiant peut expliquer l'influence que celles-ci exercent sur la situation actuelle et future.

Il ne s'agit pas d'apporter des solutions, mais plutôt d'identifier les points d'ancrage à partir desquels il devient raisonnable d'aborder le cas et de procéder éventuellement à des interventions utiles.

Les aspects critiques

L'étudiant doit mettre en relief les critères sur lesquels il fonde ses jugements quant à l'état de la situation. Il est conseillé de se servir de facteurs concrets (par exemple, le taux de roulement de 10 pour cent par année, l'accès à 18 pour cent du marché, le changement du style administratif afin d'introduire le partage de pouvoir, etc.). En quoi consiste une intervention utile ? Quelles sont les données manquantes et par quoi peut-on les remplacer ? Quelles sont les données indispensables aux décisions futures ? Quels sont les facteurs changeants ? Quels sont les risques et pour qui ?

À cette étape, on transforme la simple énumération des points soulevés au moment de la préparation en phrases et paragraphes. On ne traite que des points analytiques reliés aux problèmes identifiés. On sépare les faits des opinions et l'on s'assure que les hypothèses sont définies comme telles. On relie les sections secondaires et tertiaires par une introduction et une conclusion, afin que le texte soit cohérent et logique.

Cette section s'avère la plus longue du rapport.

B. La formulation des objectifs

On présente un résumé des objectifs en fonction desquels seront évalués les options et les facteurs qui limitent l'acceptation des solutions. Il peut s'agir de politiques, de risques, d'attitudes personnelles ou d'autres conditions spécifiques à un cas. En général, il s'agit de présenter les données de façon complète et équilibrée. Le langage utilisé doit refléter le fait que la formulation des objectifs a pour but de présenter, d'interpréter, d'élucider les données (l'évidence), les contraintes, les critères, les priorités, etc.

C. L'élaboration et l'évaluation des options

Chacune des options proposées doit être raisonnable et doit constituer une solution réelle au problème identifié. Parfois, il faut proposer une option artificielle pour permettre la comparaison. Quoi qu'il en soit, les options doivent ressortir logiquement des données disponibles et de l'analyse. Les éléments de solution, issus des grandes lignes du rapport, sont résumés en une phrase ou en un court paragraphe présentant au lecteur une image très claire de la solution. Pour chaque option, on énumère les conséquences avantageuses et désavantageuses.

Le style doit rester neutre. Tout jugement sur la meilleure option doit être fait seulement à la section suivante. Normalement, cette section est plus courte que la précédente, mais plus longue que celle qui suit (le choix de l'option). Il ne faut pas perdre de vue que chaque option devient une solution exclusive, différente des autres (figure 1.11). Toutefois, cela n'exclut pas la possibilité d'avoir des options formées de la combinaison d'autres options. Ainsi, à la figure 1.11, l'option 4 résulte d'une combinaison de l'option 1 du problème 1, de l'option 2 du problème 2 et de l'option 1 du problème 3.

FIGURE 1.11 Schéma d'exclusion réciproque des options d'une combinaison de solutions

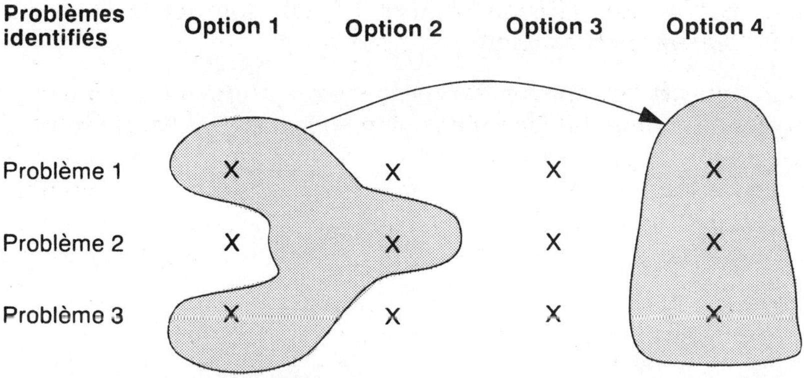

D. Le choix d'une option

Cette étape consiste à présenter l'option retenue pour résoudre le problème principal défini auparavant. Si le cas comporte deux ou plusieurs problèmes importants, il s'agit de trouver une option qui réglerait tous les problèmes à la fois. Le choix de l'option est un processus comparatif puisque, pour chaque solution proposée, on doit démontrer, en se basant sur l'analyse et l'évaluation, pourquoi elle est supérieure à toutes les autres. Contrairement aux autres sections du rapport, il faut ici convaincre. Cette section doit, ainsi que l'étape suivante, fournir au lecteur du rapport une orientation concrète. Cette section est plus longue que la description du problème, mais plus courte que les autres sections du rapport.

E. La planification et l'implantation de l'option

Cette section du rapport découle logiquement du choix de l'option et indique, pas à pas, comment mettre en pratique la solution choisie pour résoudre le problème.

On se penche ici sur la dimension humaine de la situation : Qui doit autoriser la décision ? qui doit la mettre en pratique ? qui est en mesure de donner des conseils ? On traite également du facteur temps : Quelles sont les priorités d'implantation ? quelles sont les différences entre les effets à court terme et à long terme ? Cette section tente de démontrer comment augmenter les avantages de la solution et comment en diminuer les désavantages. Le cas échéant, on fait une recommandation sur la façon de mesurer l'efficacité de la solution au cours du processus d'implantation, ainsi que la façon d'avoir du *feedback* sur les résultats obtenus. Lorsqu'il est nécessaire d'entreprendre des études supplémentaires, la section stratégie mentionne les objectifs, la méthodologie, la durée et les coûts. On ne traite que de sujets que l'on a déjà mentionnés dans les autres sections du rapport.

La planification et l'implantation de l'option ont pour but de traduire en mesures pratiques les solutions décrites brièvement à la section précédente. Le ton employé doit être impératif. Cette section est bien plus longue que la précédente, mais plus courte que l'analyse des causes et des conséquences.

F. La description du problème

Cette section constitue la première partie du rapport final. Elle sert d'introduction et présente les circonstances, les événements et les tendances qui caractérisent le cas. Les problèmes et les priorités doivent être décrits en un ou deux paragraphes. Cette section présente le but du rapport et ses grandes lignes. Elle établit les bases et l'orientation du rapport. Après avoir lu la définition du problème, le lecteur devrait connaître le sujet du rapport ainsi que ses objectifs. Il faut constamment se rappeler que le lecteur est ordinairement le gestionnaire qui désire résoudre un problème et qui a l'autorité nécessaire pour mettre en pratique les mesures proposées.

Pour juger de la qualité de la description du problème, on peut se demander si le lecteur du rapport aura la réaction suivante : « Oui, c'est bien ça, mon problème ! Comment avez-vous fait pour le résumer si simplement ? »

Généralement, dans une analyse de cas, on se fait très tôt une idée du problème. Mais en approfondissant le sujet, l'idée initiale peut changer. Il arrive en effet que l'on doive ultérieurement la préciser, voire la modifier.

1.3.3 La révision du dossier préliminaire

Une fois l'ébauche terminée, il est conseillé de la mettre de côté un certain temps. On a avantage à prendre un certain recul avant d'entreprendre la révision. L'étudiant pourra alors cerner les points faibles (omissions, erreurs, fautes de structure, etc.) et les corriger.

La révision comprend deux étapes :

- Améliorer le contenu, le développement, la cohérence et l'unité du rapport.
- Améliorer le vocabulaire et la syntaxe ; il peut s'avérer nécessaire, à cause de la complexité du cas, du style personnel ou du manque d'expérience de l'étudiant, de réviser le rapport à plusieurs reprises.

1.3.4 L'évaluation du rapport

Le tableau d'évaluation qui suit devrait aider l'étudiant à vérifier son rapport (tableau 1.1). Quant aux erreurs que l'on commet le plus souvent, elles sont énumérées et élucidées un peu plus loin. Il est utile de comparer son rapport aux critères présentés dans le tableau afin d'apporter des corrections ou de s'assurer, avant de le soumettre, qu'il n'y a pas d'omissions.

Normalement, l'enseignant fera des commentaires et évaluera chaque section du rapport séparément, afin que les points faibles ressortent clairement. La pondération des sections est indiquée à gauche du tableau d'évaluation et peut varier d'un cas à l'autre. Aussi, l'enseignant peut spécifier les aspects importants et adapter la logique pour mieux relier les analyses aux objectifs d'une séance.

Lorsque l'enseignant remet l'évaluation formelle du rapport, les corrections et les commentaires dans chaque section permettent de voir quelles parties ont été bien réalisées, où se trouvent les erreurs et en quoi elles consistent. Par la suite, l'étudiant sera en mesure de traiter des points spécifiques avec les membres de son équipe ou avec l'enseignant.

Exemples de faiblesses aux différentes étapes de l'analyse de cas

La description du problème

- Les problèmes ne sont pas clairement identifiés ;
- L'ordre de priorité des problèmes identifiés ainsi que leurs symptômes et causes sont mal définis.

TABLEAU 1.1 Évaluation et *feed-back**

☐ I. Description du problème — 0 … 5 … 10
1. présentation du problème
2. priorités des problèmes

☐ II. Analyse des causes et des conséquences — 0 … 5 … 10
3. point essentiel de l'analyse
4. causes des problèmes
5. emploi des données
6. hypothèses
7. répétition des données
8. emploi de la théorie
9. relations entre la théorie et les données
10. structure analytique

☐ III. Formulation des objectifs — 0 … 5 … 10
11. précision des critères, des priorités
12. cohérence
13. pertinence des critères

☐ IV. Planification et évaluation des options — 0 … 5 … 10
14. identification des variables stratégiques
15. nombre des options présentées
16. clarté des options
17. plausibilité des options
18. exclusion réciproque des options
19. évaluation des options

☐ V. Choix de l'option — 0 … 5 … 10
20. comparaison des options
21. relation entre les problèmes et les solutions
22. clarté de la conclusion

☐ VI. Planification et implantation de l'option — 0 … 5 … 10
23. étapes de réalisation
24. distribution à court terme et à long terme
25. contrôle et évaluation
26. minimisation des coûts et des désavantages (risques)

Les parties VII et VIII servent uniquement à évaluer votre rapport.

☐ VII. Intégration et développement — 0 … 5 … 10
27. relation entre la description du problème et l'analyse des causes et des conséquences
28. relation entre l'analyse et les options
29. relation entre les options et le choix des options
30. relation entre le choix des options et l'implantation de l'option
31. intégration et développement global

☐ VIII. Présentation — 0 … 5 … 10
32. organisation et style global
33. grammaire,structure des phrases et orthographe
34. intégration et logique globale

* Adapté de «A Guide to the Case Method and Report Writing» (manuscrit), Montréal, Université Concordia, 1975.

L'analyse des causes et des conséquences

- L'analyse est vague et n'est pas centrée sur le problème majeur identifié ;
- Les causes fondamentales du problème défini n'ont pas été prises en considération ;
- Les arguments présentés ne sont pas soutenus par des exemples, tableaux, graphiques ou chiffres reliés au cas ;
- Les présomptions ne sont pas réalistes ou sont mal articulées ;
- La plus grande partie de l'analyse est une répétition des données ;
- Les concepts théoriques relatifs au cas n'ont pas été utilisés ;
- La relation entre la théorie et les données du cas n'est pas pertinente ;
- L'analyse est mal structurée, sans développement ou organisation.

La formulation des objectifs

- Les critères et les priorités donnent lieu à de la confusion. Ils ne sont pas clairs ;
- Les critères ne sont ni cohérents avec l'analyse des causes et des conséquences ni avec la description du problème ;
- Les critères et les priorités sont inadéquats.

L'élaboration et l'évaluation des options

- Les aspects qui peuvent être contrôlés ou changés ne sont pas indiqués ;
- Dans l'ensemble, il y a trop ou pas suffisamment d'options ;
- Les options spécifiques ne sont pas claires ;
- Les options proposées ne sont pas pratiques à la lumière des critères rattachés à l'analyse ;
- Les options ne sont pas distinctes, indépendantes ou exclusives les unes des autres ;
- Les avantages et désavantages de chaque option ne sont pas clairement différenciés ;
- Les options ne sont pas comparées entre elles (par exemple, l'analyse comparative du coût-bénéfice).

Le choix de l'option

- Le problème et les solutions sont mal identifiés ;
- Le but ou la direction n'ont pas été indiqués de façon claire au destinataire du rapport.

La planification et l'implantation de l'option

- Les questions (qui, quoi, quand, comment et pourquoi) restent sans réponse ;
- On n'a pas départagé les solutions à court terme et à long terme ;
- Le plan ne propose pas de méthode de mesure du succès ou de l'échec (c'est-à-dire une méthode d'évaluation des résultats) ;
- L'implantation d'un tel plan ne minimise pas les désavantages et les aspects négatifs.

L'intégration et le développement

- L'analyse ne suit pas la logique de la formulation du problème ;
- Les options ne respectent pas la logique de l'analyse ;
- Les décisions ou les conclusions ne suivent pas la logique de l'analyse ;
- Le plan d'action ne respecte pas la logique de la décision ou de la conclusion ;
- La relation entre la description du problème, le contexte et chaque section du rapport global (le cas, le cours, le destinataire) est déficiente.

1.3.5 La rédaction de la version finale

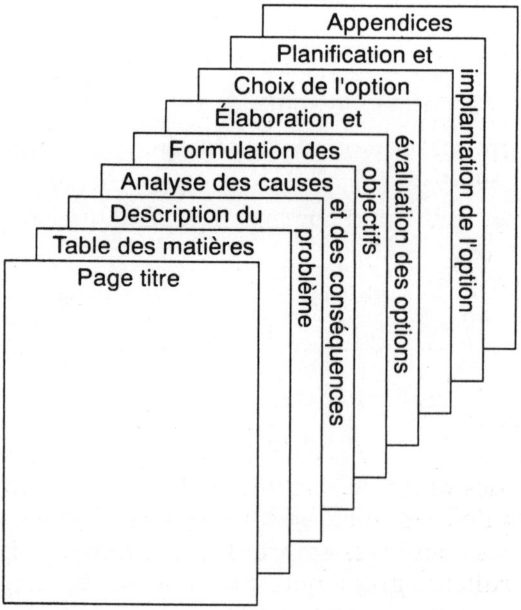

Une fois le brouillon révisé, l'étudiant doit tenir compte des règles suivantes dans la rédaction de la version finale :

- Le rapport doit être écrit sur du papier blanc de bonne qualité, 21,5 cm sur 28 cm.
- ***Page titre*** Identifier clairement la compagnie et le destinataire du rapport ainsi que le groupe de « conseillers », ses membres et la date. Rappelez-vous que l'enseignant évaluera le rapport, mais qu'il n'est pas nécessairement le destinataire. Normalement, le destinataire est une personne dont le nom figure dans le cas.
  Une case d'identification doit être placée dans le coin supérieur droit de la page titre ; il doit contenir les renseignements suivants : le numéro et le titre du cours, le nom de l'enseignant, le nom du cas ou le titre du rapport, le nom de l'étudiant ou des membres de l'équipe.
- ***Table des matières*** Elle suit la page titre. Sa présentation est semblable à celle de la table des matières de cet ouvrage.
- ***Le rapport*** On commence le rapport sur une nouvelle page. À partir de la « Description du problème » jusqu'à la « Planification et l'implantation de l'option », les pages sont numérotées de façon consécutive. Le titre de chaque section est inscrit en majuscules, souligné et placé du côté gauche de la page. Les titres secondaires et tertiaires sont inscrits en retrait, en lettres minuscules ; ils sont soulignés.
- ***Tableaux, diagrammes, figures et graphiques*** Les titres des tableaux, graphiques, etc., doivent toujours refléter le contenu. Afin que l'on puisse y faire référence facilement, il est bon de les numéroter (figure 1, 2, 3, etc.).
  Les tableaux et autres figures qui ne sont pas essentiels à la compréhension du texte ou qui sont trop élaborés pour être placés dans le texte doivent être présentés en appendice, avec les autres données supplémentaires. Les appendices sont identifiés par des majuscules consécutives (A, B, C, etc.) et placés à la fin du rapport. Les graphiques doivent être exécutés sur des feuilles destinées à cette fin, avec l'abscisse et l'ordonnée clairement identifiées. L'origine des données qui apparaissent dans les figures doit être indiquée, avec les explications nécessaires, en bas de page.
- ***Notes en bas de page et notes de référence*** Les notes en bas de page servent à ajouter des commentaires explicatifs et des détails. On emploie des notes de référence lorsqu'on cite un passage d'un auteur, lorsqu'on résume, dans ses propres termes, un argument, lorsqu'on utilise des idées empruntées à quelqu'un d'autre, on lorsqu'on construit un graphique, un tableau, un diagramme en se

basant sur des données fournies par une tierce personne. Les notes en bas de page doivent être identifiées par des numéros consécutifs, et une « Liste de notes en bas de page » doit être placée à la fin du rapport avant les appendices. Pour dresser cette liste, on doit laisser des interlignes simples entre les lignes d'une même note, et des interlignes doubles entre les notes.

Les citations courtes (pas plus de trois lignes) doivent être placées entre guillemets. Les citations plus longues sont écrites à simple interligne, en retrait des deux marges de la page.

Si l'on emploie des références en plus de celles citées dans les notes en bas de page, une « Liste de références » doit être placée à la dernière page du rapport, après les appendices. Cette liste constitue une *bibliographie* et doit comprendre toutes les références citées dans les notes en bas de page et ailleurs dans le texte. La liste est faite selon l'ordre alphabétique. À titre d'exemple, l'étudiant peut consulter la bibliographie à la fin du présent ouvrage.

À noter que l'on ne guillemette pas les titres des monographies. Cependant, les guillemets accompagnent le titre lorsqu'il s'agit d'un article tiré d'une revue ou d'un ouvrage collectif.

1.3.6 La dactylographie et la correction du rapport

Les rapports doivent être dactylographiés à double interligne.

L'étudiant doit retenir les services d'un ou d'une dactylographe bien avant la date de soumission du rapport. Le rapport dactylographié doit être relu parallèlement au manuscrit. Lire le rapport à haute voix ou lire le rapport à une tierce personne (c'est-à-dire qui n'est pas concernée par le rapport) constituent des moyens efficaces auxquels peut recourir l'étudiant pour procéder à la correction finale.

1.4 EXEMPLE : LA COMPAGNIE D'USINAGE ANTOINE MARTIN INC.

1.4.1 Introduction

L'analyse de ce cas vise à fournir à l'étudiant un exemple du processus, dont le résultat final constitue la rédaction du rapport de cas. Chaque cas est unique, mais la méthode d'analyse, une fois apprise, s'applique à tous les cas et s'améliore avec l'expérience. Le premier rapport est, évidemment, le plus difficile à rédiger. Tous les cas subséquents sont un pas de plus vers la maîtrise de la méthode.

1.4.2 Le cas « La Compagnie d'usinage Antoine Martin inc. »

Lisez le cas et faites-en un rapport aussi détaillé que possible avant de poursuivre la lecture, à la section suivante.

La Compagnie d'usinage Antoine Martin inc.[1]

La Compagnie d'usinage Antoine Martin inc. traite à chaud des pièces uniconiques usinées ou provenant de fonderies pour les durcir ou leur donner les qualités exigées. Au rythme des années, M. Antoine Martin a développé sa compagnie qui a actuellement un chiffre d'affaires annuel de 2 000 000 $. En 1989, la compagnie comptait 21 employés ; les profits après impôts étaient de 170 000 $ par année (en moyenne pour les trois dernières années) et le nombre de clients réguliers de la compagnie était de 207. M. Martin se chargeait personnellement de la vente et des rapports avec les clients. L'atelier était dirigé par M. Charles Lévesque, un ouvrier compétent qui avait été promu à l'intérieur de l'entreprise, ainsi que cinq de ses contremaîtres. M. Charles Lévesque travaillait en collaboration avec M. Martin qui prenait toutes les décisions importantes et était le vrai directeur de l'entreprise.

Il y a un mois, M. Martin, âgé de 55 ans, eut une attaque cardiaque mortelle. Par testament, il léguait à sa femme Amélie, âgée de 52 ans, ses actions dans la compagnie (il détenait 57 % des actions). Celle-ci s'y connaissait très peu en affaires et ne s'était jamais intéressée à la compagnie. Son notaire lui conseilla de chercher quelqu'un pour diriger l'affaire, tout en considérant la possibilité qu'un des employés actuels puisse en prendre la direction. Mme Martin en parla à M. Lévesque ; celui-ci lui répondit qu'il connaissait mal la vente et que la direction de l'entreprise ne l'intéressait pas.

M. Stéphane Beauregard, un dirigeant de la compagnie immobilière qui détenait 40 % des actions de la Compagnie d'usinage Antoine Martin inc., conseilla à Mme Martin de trouver un directeur à l'extérieur de l'entreprise. Il déclara qu'il désirait garder ses parts dans l'entreprise, mais ne se sentait pas capable de la diriger.

M. Marc Lafontaine, un banquier de la ville, conseilla à Mme Martin de vendre son entreprise et d'accepter une offre « à n'importe quel prix », pourvu qu'elle soit raisonnable. Mme Martin répliqua qu'elle avait besoin du revenu de l'entreprise et qu'elle doutait qu'en vendant l'entreprise et en investissant ce montant dans des actions, elle aurait un revenu important (on estime généralement entre 8 % et 10 % le rendement d'un tel investissement). Cependant, elle admit que la sécurité de ce revenu était plus grande et qu'elle y attachait beaucoup d'importance. M. Lafontaine pensait que le produit net de la vente de l'entreprise se situerait entre 1 000 000 $ et 1 500 000 $. L'entreprise pourrait aussi fusionner avec une autre, mais dans ce cas, il conseillait à Mme Martin de vendre ses actions sur-le-champ plutôt que de garder ses parts à l'intérieur d'une nouvelle entreprise. M. Lafontaine lui conseilla fortement de ne pas essayer de prendre l'affaire en main elle-même, car elle ne connaissait rien à ce genre d'entreprise et ne serait pas en mesure d'intéresser quelqu'un qui pourrait être un acheteur éventuel. Cependant, Mme Martin répondit que dans des cas difficiles, on pouvait réaliser des choses impossibles : vu qu'elle attachait une grande importance à l'affaire, elle pensait qu'avec le temps, elle pourrait apprendre à la diriger correctement.

1.4.3 L'application de la méthode d'analyse de cas

Voici une analyse du cas « La Compagnie d'usinage Antoine Martin inc. » effectuée selon la méthode proposée dans les sections précédentes. Comme chaque cas est différent, chaque analyse peut l'être aussi. De plus, il n'y a pas une seule bonne réponse ; normalement, il y a plusieurs approches adéquates. Le présent cas est un exemple. Il n'est pas présenté pour démontrer la meilleure approche ni la seule approche qu'on peut utiliser. L'objectif est de présenter une façon et un modèle à suivre afin de structurer et de décrire le contenu et la logique d'une analyse.

L'analyse de La Compagnie d'usinage Antoine Martin inc.[2]

A. La description du problème

La direction de La Compagnie d'usinage Antoine Martin inc. est vacante depuis le décès de son propriétaire.

Le problème auquel est confrontée la veuve de M. Martin est de trouver un successeur à son époux.

B. L'analyse des causes et des conséquences

La compagnie se trouve dans une situation de crise. La continuité de la gestion n'est pas assurée parce que M. Martin n'avait pas pris des mesures concernant sa succession. Puisqu'il s'agit d'une petite entreprise, il faut que quelqu'un prenne en main les responsabilités de gestion le plus vite possible.

Dans cette situation, la confiance et la bonne foi constituent des éléments clés. Les banquiers, les fournisseurs, les clients, les employés et les actionnaires auront tendance à se protéger en abandonnant la compagnie, à moins qu'on les rassure au sujet de la continuité de l'exploitation de l'entreprise. Chaque jour qui passe sans apporter une solution au problème de la succession les rend de plus en plus mal à l'aise ; à la longue, ils finiront par retirer leur confiance. La valeur de la compagnie sur le marché diminue chaque jour. En fait, tout acheteur potentiel peut faire baisser le prix en prolongeant le processus de négociation. La position de négociation est faible.

Mme Martin, elle aussi, se trouve dans une situation de crise. Elle a 52 ans, n'a aucune expérience de travail et vient de perdre son mari. Toute sa vie est bouleversée. Elle a besoin de temps pour prendre des décisions. Elle ne sait pas ce qu'elle veut faire. Va-t-elle continuer à vivre dans la même maison ? Va-t-elle se trouver de nouvelles activités ? Va-t-elle continuer à voir les mêmes gens ? Leurs relations seront-elles les mêmes ? Doit-elle acquérir des connaissances qui lui permettraient de se lancer dans une nouvelle carrière ? A-t-elle le courage et la volonté nécessaires pour accomplir le travail de gestionnaire, surtout dans un milieu dominé par des hommes ?

Puisque l'on connaît son passé et les changements auxquels elle doit faire face, il peut être logique de penser que Mme Martin pourrait retrouver son équilibre moral en prenant les affaires de la compagnie en main. Elle aurait alors des problèmes concrets à résoudre et des préoccupations externes qui l'intéresseraient. Parfois, la meilleure façon de décider c'est de passer à l'action. Les circonstances indiquent un chemin ; il faut profiter des occasions qui se présentent.

C. La formulation des objectifs

Pendant que Mme Martin prend le temps de décider, nous pouvons identifier les ressources humaines dont dispose la compagnie et qui peuvent l'aider à traverser cette crise : M. Lévesque, responsable de la production ; M. Lafontaine, le banquier ; M. Beauregard, détenteur de 40 pour cent des actions ; le notaire de Mme Martin ; 207 clients et 21 employés.

Étant donné que le salaire de M. Martin est maintenant disponible et que les bénéfices de la compagnie se situaient à 170 000 $ avant sa mort, on dispose des fonds nécessaires (avec l'aide du banquier) pour recourir au service d'experts en gestion si cela est nécessaire ou pour couvrir les dépenses permettant de traverser la crise.

Le problème le plus urgent, c'est de rassurer les intéressés sur le fait que la compagnie ne court pas de danger. Celle-ci doit être prise en main aussitôt que possible par une direction provisoire, capable de poursuivre l'exploitation de l'entreprise avec un minimum de perturbation. Cela est essentiel si l'on veut que les clients, les banquiers, les fournisseurs et les employés ne perdent pas confiance dans l'entreprise, tout comme il est important de consolider les relations avec les clients.

D. L'élaboration et l'évaluation des options

- Vendre la compagnie aussitôt que possible en acceptant l'offre la plus élevée.

Avantages	**Désavantages**
– Aucun problème d'exploitation, aucune nécessité d'apprendre la gestion.	Nécessité de prendre une décision quant à un éventuel travail ; perte de l'occasion de devenir gestionnaire.

- Niveau stable et connu de revenu grâce au placement des fonds obtenus lors de la vente de l'entreprise.
- Possibilité de voyager, suivre des cours, entreprendre de nouvelles activités.

- Trop de temps libre pendant une période difficile.
- Valeur actuelle de la compagnie est en baisse et elle continue à baisser ; position défavorable pour la négociation.

• Garder la compagnie et la faire diriger par Mme Martin appuyée par un conseiller-gérant ou un comité officieux.

Avantages

- Occasion d'apprendre la gestion sur le plan pratique.
- Possibilité d'augmenter la valeur de la compagnie en la rentabilisant.
- Possibilité de rencontrer des gens dans des domaines différents : clients, fournisseurs, cadres, experts, etc.

Désavantages

- Haut niveau de stress.
- Risque élevé.
- Difficulté d'être pris au sérieux dans le rôle du patron.

• Garder la compagnie en formant une équipe provisoire de gestion, jusqu'à ce que l'on trouve un partenaire-gérant (avec participation proportionnelle aux bénéfices).

Avantages

- Pas de grandes responsabilités.
- Clients, banquiers, fournisseurs, et autres, sont heureux.
- Maintien de la confiance et poursuite de l'exploitation.
- Possibilité d'augmenter rapidement la valeur de la compagnie ; choix de vendre ou de prendre en main la gestion plus tard.

Désavantages

- Ne fournit pas une occupation pour Mme Martin.
- Peut-on trouver un partenaire-gérant ? Quel effort doit-on y investir ?
- Difficulté de réunir une équipe provisoire efficace.
- L'arrivée d'un partenaire-gérant peut s'avérer coûteuse.

E. Le choix de l'option

On recommande l'implantation de l'option 2. Voici ses avantages :

- Valeur actuelle maximale ;
- Occasion d'apprendre, de façon concrète, la gestion d'une petite entreprise ;
- Mme Martin peut vendre plus tard, mais elle aurait acquis de l'expérience en gestion, à un poste de direction ;
- Mme Martin est la personne à qui les intérêts de la compagnie tiennent le plus à cœur. En s'occupant de l'entreprise, Mme Martin gagne une certaine indépendance.

Cependant, il ne faut pas perdre de vue l'existence de certaines difficultés. Il ne faudrait pas, par exemple, que Mme Martin soit stressée ou découragée par les risques auxquels elle devra faire face. Elle aura besoin d'appui et conséquemment, elle devra trouver le moyen de se faire respecter. Mme Martin devra vaincre le scepticisme de certains employés. Pour ce faire, elle devra travailler en étroite collaboration avec un groupe de personnes qui la guideront dans ses premiers pas à l'intérieur de la compagnie.

Les options 1 et 3 ne sont pas à recommander. Elles ne seraient souhaitables que si Mme Martin envisageait de donner une autre orientation à sa vie. Puisqu'elle n'a pas d'autres projets, ces deux options la laisseraient dépendante et la priveraient de la possibilité d'exercer un nouveau métier.

Dans le cas de l'option 1, le risque de ne pas trouver d'acheteur est trop élevé. Et même si l'on en trouve un, Mme Martin est dans une faible position de négociation, car la compagnie qu'elle désire vendre est en crise.

L'option 3 ne peut être pris en considération sans que l'on ait déjà en vue un partenaire-gérant compétent. En général, il est difficile de trouver quelqu'un ayant les aptitudes nécessaires pour gérer une PME et qui soit libre d'accepter ce genre de poste immédiatement.

F. La planification et l'implantation de l'option retenue

Tout d'abord, Mme Martin doit décider si oui ou non elle désire prendre en main la gestion de la compagnie. Nous lui recommandons de le faire. Il s'agit, pour commencer, d'obtenir l'appui de ceux avec qui elle devra travailler, de se montrer résolue et prête à fournir l'effort nécessaire. Elle doit leur exposer les mesures à prendre, tout en étant réceptive aux idées et aux conseils des autres.

Comment doit-elle s'y prendre ? Dans l'immédiat, elle doit obtenir tous les renseignements qui lui permettront de comprendre la situation actuelle de la compagnie ; elle doit savoir qui sont les personnes susceptibles de l'aider, quelles sont leurs compétences et quelle compensation financière elle devra leur verser. Elle a besoin d'une équipe à l'intérieur de l'entreprise qui est capable de la conseiller. Il est évident que MM. Lévesque (responsable de la production) et Beauregard (détenteur de 40 % des actions) en feraient partie. Mais qu'en est-il du banquier, du notaire et du comptable de la compagnie ? Quels sont leurs rôles et à quel point Mme Martin peut-elle leur faire confiance ? Est-il possible de trouver un conseiller qui connaît bien le domaine et que l'on pourrait engager provisoirement ? Les réponses à ces questions établiront les contraintes et les ressources inhérentes à la situation et guideront les actions de Mme Martin.

Que doit-elle faire ensuite ? Mme Martin doit prendre contact avec chaque client important et chaque fournisseur. En faisant elle-même les visites ou les appels, elle s'assure que les clients seront réceptifs, par respect pour son mari et surtout s'ils ont eu de bonnes relations de travail. Au début, Mme Martin peut être accompagnée de M. Lévesque. Puisqu'il est probable que 80 % des ventes proviennent de 20 % des clients, cela veut dire que 40 clients peuvent assurer la réussite de l'entreprise. Mme Martin doit donc se familiariser avec la nature des rapports qui existent entre sa compagnie et celles avec lesquelles elle fait affaire, ainsi qu'avec la nature des relations passées. Elle doit obtenir de la banque la promesse que les problèmes financiers à court terme de son entreprise seront réglés comme auparavant et que la compagnie bénéficiera de la même marge de crédit.

Quelle attitude Mme Martin doit-elle projeter dans ses rapports avec tous ces gens ? Tout d'abord, elle doit inspirer confiance ; elle doit convaincre les gens que la compagnie va survivre et prospérer. Puis, elle doit les motiver et s'assurer de leur appui pour la réussite de l'entreprise. Mme Martin doit montrer très clairement qu'elle apprécie toute aide extérieure pendant cette période d'apprentissage, dont elle désire réduire la durée et minimiser les coûts (les erreurs), afin que les résultats soient bénéfiques pour tous.

Mme Martin doit évaluer ses aptitudes et connaître ses limites pour demander de l'aide au bon moment et faire valoir ses propres talents.

Au début, l'équipe interne (MM. Lévesque et Beauregard et Mme Martin) devra se réunir probablement à 7 heures tous les matins afin d'établir les priorités de la journée, et de faire connaître les projets et les objectifs de la compagnie par des visites ou des appels, à tous ceux qui peuvent lui fournir un appui (les clients, les banques, etc.). On aura besoin de nouvelles commandes et de nouveaux clients, ainsi que d'une aide financière permettant de compenser le manque initial de commandes.

Après un certain temps, on connaîtra mieux les besoins des clients et les particularités des fournisseurs, et on agira en conséquence. C'est là un processus d'apprentissage. Les éléments inconnus sont éliminés un à un. La survie de la compagnie étant assurée, on pourra évaluer les facteurs à long terme et prendre certaines décisions. Une fois que la compagnie n'est plus en crise, Mme Martin peut réévaluer sa position par rapport à son travail de gestion, sa situation financière et ses intérêts personnels ; elle pourra alors prendre des décisions fondées sur une meilleure connaissance de la situation.

La participation de Mme Martin dans les affaires de la compagnie contribuera à la bonne marche de l'exploitation. Elle doit minimiser les risques en évitant d'investir ses fonds personnels dans la compagnie. La survie et la réussite de l'entreprise dépendent du degré de confiance créé par la nouvelle équipe de gestion, c'est-à-dire Mme Martin et ses collègues.

1.5 CONCLUSION

Ce chapitre a présenté la discussion, la préparation et la rédaction du rapport de cas comme étant trois processus distincts, chacun comportant plusieurs étapes. Ces étapes, quoique théoriquement distinctes, ne sont pas faciles à isoler dans la pratique. Elles sont, en effet, interdépendantes. Cependant, les trois processus se distinguent clairement les uns des autres. L'étudiant doit les considérer comme des opérations différentes, chacune constituant une étape de l'apprentissage de l'analyse de cas.

L'habileté analytique et la rédaction sont d'ordre professionnel. Les relations entre un conseiller-expert et son client, un employé et son patron, un entrepreneur et son banquier, sont des exemples qui illustrent bien l'importance de l'analyse et de la transmission des idées dans la gestion des entreprises.

Par ailleurs, chaque cas (situation) est différent. Voilà pourquoi l'étudiant doit développer des qualités cliniques ; en d'autres termes, il doit apprendre à recourir aux informations appropriées, aussi bien théoriques que pratiques (cet exercice est intimement lié au degré de connaissance), et savoir quand et comment utiliser les techniques pour communiquer ses idées (jugement professionnel).

La formation professionnelle est un processus qui demande du temps et des efforts. C'est à l'analyste qu'incombe d'établir les critères de qualité, de succès et de professionnalisme.

NOTES

1. Ce cas, intitulé « La Compagnie East Bend Heat Treaters » est tiré de : George R. Terry, *Principles of Management*, Homewood (Ill.), Richard D. Irwin Inc., 1968. Traduit — et reproduit avec autorisation — par Pierre Laurin, dans *Le management*, McGraw-Hill Éditeur, 1973. Ce cas est destiné à servir de base à la discussion en commun et ne prétend pas présenter un exemple de solution correcte ou fautive des problèmes d'administration.
2. Il faut noter que le destinataire est madame Martin, mais l'analyse est écrite à la troisième personne (elle). Ce pourrait être la deuxième personne (vous), mais normalement il est préférable de dépersonnaliser un rapport écrit parce qu'on ne sait pas quel usage on en fera.

Un cas
ne constitue pas un cours.
Il forme plutôt
une scène d'une pièce
en plusieurs actes.
(Traduction libre)

A.R. Towl, *Case Course Development : The Case Method of Learning Administration*, Intercollegiate Case Clearing House.

GUIDE DE L'ENSEIGNANT

II L'ENSEIGNEMENT DES CAS

2.1 INTRODUCTION

La méthode des cas est une procédure d'enseignement qui permet, entre autres, de réaliser un lien harmonieux entre la théorie et la pratique. Elle est très populaire en sciences de la gestion. Certaines universités, telle Harvard, forment leurs étudiants par cette seule méthode. Il serait intéressant de discuter de l'à-propos de la méthode, mais il nous apparaît plus important de centrer notre réflexion sur les moyens d'utiliser la méthode des cas adéquatement.

Il existe plusieurs définitions de la méthode des cas. Celle que donne Mucchielli semble la plus adéquate dans ce contexte parce qu'elle décrit les moyens et les objectifs.

Dans son principe, la méthode des cas consiste à faire étudier par un groupe, au cours d'une séance ou d'une succession de séances, des situations problèmes concrètes présentées avec leurs détails réels et de provoquer, à partir de chaque analyse de cas, une prise de conscience exacte et ajustée de la situation, puis une conceptualisation « expérientielle » et enfin une recherche des solutions efficaces[1].

> *Comme la définition de Mucchielli le démontre bien, la participation des étudiants fait partie de la méthode. Pourtant, on oublie souvent ce que la méthode des cas doit à la découverte de la dynamique des groupes et du psychodrame. Voilà pourquoi notre attention porte sur les notions d'animation de groupe et les aspects relatifs à la communication dans l'enseignement.*

2.2 LES ÉTAPES DE L'ENSEIGNEMENT DES CAS

Lorsqu'il est question d'étapes, cela suggère un ordre préférentiel d'activités à l'intérieur d'un processus donné. Cependant, l'enseignement des cas ne se prépare pas vraiment selon une séquence ordonnée. Les étapes sont plutôt des blocs d'activités interdépendantes, dont l'ordonnancement dépend de facteurs personnels et circonstanciels. Nous avons choisi de procéder par un découpage que suit une trame temporelle : la préparation, l'animation et les suivis. La figure 2.1 présente sous forme schématique l'interaction entre les différentes étapes.

FIGURE 2.1 Étapes de l'enseignement des cas

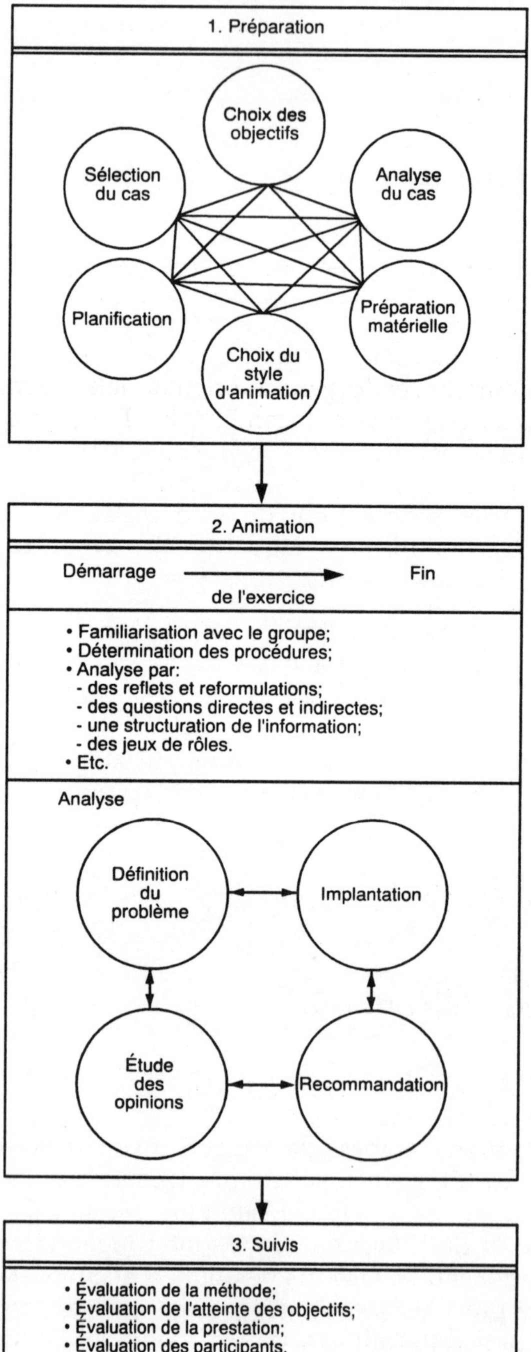

Dans les sections suivantes, nous élaborerons chacune de ces étapes en relevant, entre autres, les risques et les exigences. Les suivis ne seront qu'ébauchés, car ils sont un domaine en soi même s'ils demeurent liés à l'enseignement.

2.2.1 La préparation

Dans un sens plus large, la préparation fait référence à tout ce qui doit être fait ou mis en place avant d'arriver en classe et ce, des points de vue psychologique, pédagogique et matériel. Cette étape comprend l'établissement des objectifs, le choix du cas et de son analyse, la planification de l'animation et l'organisation matérielle ou logistique. Ces opérations ne se réalisent pas de façon linéaire. Par exemple, plusieurs activités sont orientées selon les objectifs. Or, pour diverses raisons, de nouveaux objectifs peuvent s'inscrire en cours de route. Par conséquent, les choix privilégiés au départ doivent être réajustés.

A. Le choix des objectifs

Le choix des objectifs de formation est une étape essentielle. Mais celle-ci ne peut être réalisée que si l'on connaît la clientèle et les buts du cours, ainsi que les contraintes et les limites associées au nombre de personnes, au lieu et au temps réservé à l'exercice. Établir des objectifs dans le domaine de l'enseignement, c'est se poser certaines questions : Quelle est la tâche à accomplir ? Quelles sont les habiletés et les attitudes requises pour réaliser cette tâche ? Quelles sont les conditions pour que se développent ces habiletés ou surviennent ces attitudes ? Comment peut-on mesurer l'acquisition de ces attitudes ?, etc.

Les objectifs vont du plus général au plus précis. Ils énoncent de manière claire et précise les exigences du cours et les attentes en termes de matière à apprendre et d'habiletés intellectuelles et autres à acquérir. L'avantage des objectifs, c'est qu'ils servent de critères pour choisir les instruments pédagogiques, entre autres, la méthode des cas.

Puisque le cas fait partie des instruments pédagogiques, il peut répondre en partie ou en totalité aux objectifs du cours. Il faut savoir lesquels on désire privilégier. Ne pas avoir d'objectifs signifie, finalement, qu'il s'agit d'une simple discussion. Nous verrons plus loin en quoi diffère une discussion d'une discussion de cas.

Les objectifs qui amènent l'enseignant à utiliser les cas sont complexes. Il est impossible de les dénombrer tous et il est fort possible que plusieurs des objectifs atteints en fin d'exercice n'avaient même pas été établis a priori. Il y a souvent interaction, voire interférence, entre les objectifs des étudiants et ceux de l'enseignant. Puisque la méthode des cas vise davantage à travailler les attitudes qu'à réaliser les objectifs cognitifs, voici, à titre indicatif, les objectifs les plus souvent formulés :

- appliquer des concepts,
- assimiler des notions théoriques,
- développer l'intérêt pour un domaine précis,
- stimuler un environnement,
- dresser le portrait d'une organisation,
- faire prendre une décision,
- développer le jugement critique,
- faire participer la classe,
- apprendre à présenter une argumentation,
- apprendre tout « en faisant »,
- faire prendre conscience de ce qui est implicite.

Plusieurs pédagogues utilisent la méthode des cas pour atteindre l'objectif général de « construire une expérience professionnelle accélérée ». Cet objectif, fort intéressant, reste global. Il convient à toutes les situations, mais il est nettement orienté vers la méthode en tant que procédé pédagogique plutôt que vers le contenu du cas. L'objectif pourrait être formulé en sous-objectifs observables et mesurables, par exemple, « apprendre à formuler des diagnostics, appliquer des principes théoriques », etc.

À l'opposé, il arrive souvent, lorsque l'on fait appel à la méthode des cas, que les objectifs soient formulés à partir de la matière, par exemple : « connaître les concepts de base en finance ». Cela peut empiéter sur les aspects essentiels de la formation : l'acquisition d'habiletés comme l'esprit d'analyse, l'esprit de synthèse, la formation du jugement critique, etc. La méthode des cas est donc idéale pour travailler ces aptitudes. Malheureusement, ce type d'objectif demeure souvent implicite, voire absent, au moment de la planification.

Lors de cette première étape, l'enseignant pourra éventuellement être confronté à diverses difficultés, celle, entre autres, de rechercher des objectifs globaux, insuffisamment mesurables ou implicites. L'enseignant s'en remet alors à la dynamique du groupe afin de déterminer l'orientation à prendre.

B. La sélection du cas

Quelles questions doit se poser l'enseignant lors de la sélection d'un cas ? Plusieurs facteurs sont à considérer : le programme, le domaine enseigné, le niveau de compétence des étudiants et la familiarisation des étudiants avec la méthode des cas. En fait, les mêmes questions servent à formuler les objectifs à atteindre.

Dans la section suivante, nous verrons qu'il existe plusieurs types de cas. Les cas de prise de décisions sont les plus classiques. Leur complexité tient de la quantité et de la pertinence de l'information. Ces cas mettent les étudiants dans une situation qui leur demande de prendre une décision ou d'entreprendre une action. Les cas d'évaluation présentent, soit à un niveau micro ou à un niveau macro, une situation qui doit être analysée et évaluée. Ce genre de cas permet donc de développer les habiletés de l'étudiant à poser un diagnostic. Enfin, les monographies d'entreprises décrivent l'historique du développement d'une compagnie ou d'un problème dans une compagnie. Elles comportent davantage d'informations sur l'environnement et sont utiles lorsque l'on désire aborder la question du transfert d'expérience.

À cette étape, l'enseignant court le risque d'avoir une vision globale, d'être orienté uniquement par le domaine enseigné et d'oublier les étapes intermédiaires d'apprentissage. Ainsi, pour un premier cours, on peut choisir un cas dont le contenu est simple, mais qui ne favorisera pas nécessairement l'apprentissage de la méthode, ou encore on peut sous-estimer l'importance de créer de l'intérêt pour la matière. Bref, les difficultés et les risques inhérents à cette étape résident dans une mauvaise combinaison instrument-objectif.

C. L'analyse du cas

L'analyse du cas permet à l'enseignant de se préparer quant au contenu et à la marche à suivre. L'analyse se fait le plus souvent individuellement. Elle est aussi intéressante à faire en groupe, lorsque plusieurs enseignants utilisent le même cas. Ce procédé permet à chacun de vérifier son interprétation et de s'ouvrir à celle des autres, de façon à ne pas être désarçonné si de nouvelles avenues étaient explorées en classe.

Cette étape exige beaucoup de temps, car une seule lecture ne suffit pas. La première lecture permet de se familiariser avec le cas, de vérifier les difficultés du vocabulaire et la complexité des informations qui y sont consignées. Elle permet également de vérifier si l'on a choisi le bon cas en fonction d'un contexte particulier. Les lectures subséquentes servent à faire les analyses nécessaires en fonction des objectifs poursuivis.

Combien de fois n'avons-nous pas entendu des enseignants affirmer : « Je relis ce cas pour la énième fois et j'y trouve encore quelque chose de nouveau » ? Cette affirmation met en relief toute la richesse que peut receler un cas. Cela sous-entend aussi que l'enseignant peut être appelé à modifier sa grille de lecture. Cette dernière, plus ou moins explicite, peut changer en fonction d'une nouvelle théorie ou d'un nouvel objectif.

Il faut être conscient que les lectures seront plus efficaces si la grille de lecture est claire. La détermination du cadre d'analyse permet de s'appuyer non seulement sur les faits qui sont apportés dans le cas, mais aussi de concevoir des hypothèses sur les faits qui n'apparaissent pas clairement. L'existence d'un cadre d'analyse facilite la mise en relation des éléments du cas, permet d'aller plus vite que sans grille de lecture et permet « d'organiser » l'information.

Il y a différentes façons d'aborder l'analyse de cas. Rondstadt (1977)[2] propose trois approches : l'approche systémique, l'approche behaviorale et l'approche décisionnelle. Chacune s'ouvre sur différentes formes d'analyses. Elles sont développées dans le guide de l'étudiant, car lui aussi est concerné par cette question. Mais la perspective n'est pas la même, car l'objectif stratégique est différent. L'enseignant, tout en privilégiant une approche plutôt qu'une autre, vise à cette étape de planification à identifier les éléments qui viendront appuyer une démarche de discussion en classe. Les analyses ne servent pas à identifier la solution qui sera présentée aux étudiants comme étant « la meilleure ».

À moins qu'il ne soit nécessaire de faire une démonstration de l'utilisation de concepts ou de théories, il est préférable d'être à l'écoute des solutions des étudiants. La solution proposée par l'enseignant fait donc partie de l'ensemble des solutions. Il est plus important de savoir poser les bonnes questions qui stimuleront l'analyse par des étudiants parce que cette habileté d'analyser sert justement d'appui au transfert d'apprentissage.

La difficulté à cette étape est de ne pas se préparer suffisamment ou, à l'inverse, de se préparer de façon rigide ou encore de « forcer » l'interprétation du cas et, par conséquent, de lui faire dire ce qu'il ne dit pas vraiment. L'enseignant doit connaître le mode d'analyse avec lequel il se sent le plus à l'aise ; cela lui permettra d'être cohérent dans son exposé, particulièrement si les étudiants ne sont pas familiers avec la méthode des cas.

D. La planification

Leenders et Erskine[3] suggèrent deux niveaux de planification : le programme d'études et le cours. Il est vrai qu'un cours est un segment de programme et que les objectifs de l'un sont normalement établis à partir des objectifs de l'autre. Même si la situation n'est pas toujours aussi claire, le choix du cas ne doit jamais se faire au hasard.

L'enseignant qui se préoccupe davantage de ses étudiants n'anticipe pas toujours l'orientation que peut prendre la discussion. C'est pourquoi il termine parfois son cours en ayant couvert qu'une seule partie de la matière ou encore en ayant parcouru rapidement la dernière partie qui lui apparaissait la plus importante. En somme, l'enseignant n'avait pas planifié son cours. C'est à lui que revient la responsabilité de procéder, dans le cadre de sa planification de cours, aux choix les plus stratégiques ou les plus efficaces, afin d'atteindre les objectifs. L'itinéraire, le temps accordé à chacune des étapes, ne sont que quelques-uns des éléments à prévoir. Une stratégie peut être aussi conçue en termes de rôles. L'enseignant se voit-il comme un spécialiste du contenu ou plutôt comme un spécialiste de la méthode ? Favorisera-t-il l'identification à un personnage ? Demandera-t-il aux étudiants de jouer le rôle de consultant ?

Dans la planification, on décide du choix des éléments les plus importants. Or, dans l'enseignement des cas, il y en a principalement trois : la matière, les étudiants et l'interaction entre les deux. Comment fait-on le lien entre eux ? Clawson et Frey[4] font des suggestions intéressantes à ce sujet. D'après ces auteurs, il ne suffit pas de bien connaître le contenu et les étudiants : l'enseignant, tel un commandant d'infanterie, considère le cours comme une carte topographique et planifie de façon stratégique la meilleure façon d'atteindre son but. Le cours est perçu comme un territoire à trois dimensions qui permet de se rapprocher de la définition de la stratégie dans le domaine militaire.

Clawson et Frey appellent *mapping*, que nous traduisons ici par « stratégie pédagogique » ou « cheminement pédagogique », cette visualisation de l'itinéraire. Ces spécialistes du *case map* proposent la démarche suivante :

- identifier les domaines que le cas permet de traiter, en les inscrivant sur des fiches ;
- inscrire sur chaque fiche les faits et les principes qui pourraient être liés à ces domaines ;
- sélectionner les sujets et les placer sur une table de la même façon que celle utilisée lorsqu'on déroule une carte ;

- penser aux transitions en faisant des flèches sur les sujets qui sont reliés ;
- formuler les questions ou les phrases qui pourraient être utilisées afin d'amener les étudiants à passer d'un sujet à un autre.

On peut approfondir cette démarche en s'inspirant du rôle d'un guide touristique. Quelles questions se pose un guide avant de recevoir un groupe de touristes ? Indépendamment du lieu à visiter, il identifie tout d'abord le type d'excursion pour lequel les touristes se sont inscrits. Que leur a-t-on promis ? On sait que les promesses créent les attentes. Puis, le guide s'informe du profil des voyageurs. Par exemple, un groupe de jeunes touristes ne voyage pas au même rythme qu'un groupe de personnes âgées et n'a pas les mêmes intérêts.

Le guide a la responsabilité de choisir un point de départ, de décider des lieux à visiter et des informations à donner. Les touristes attendent du guide qu'il utilise au maximum le temps alloué à l'excursion, qu'il ait une connaissance de l'itinéraire. Le guide doit décider du premier site à visiter, et ainsi de suite. Ce genre de décision ne se prend pas dans l'autobus, juste avant de partir ; il faut prévoir à l'avance l'itinéraire. Il est souhaitable, voire essentiel, de vérifier préalablement les intérêts des touristes. Le guide peut cependant être à l'écoute des intérêts que manifeste le groupe, mais il n'est pas nécessaire de le consulter à chaque arrêt. Le degré d'attention et les questions posées constituent des indices pertinents.

Il faut également admettre que les « humeurs » du guide ne sont pas indépendantes du succès de la visite. S'agit-il de l'un de ces jours où le guide est fatigué de répéter pour la énième fois les mêmes informations ? Est-il oui ou non préoccupé de la satisfaction de son groupe ? Répond-il à ses attentes ? Rien n'empêche un guide de tenir compte de ses besoins et de diversifier sa démarche. Le projet, dans son ensemble, ne s'en portera que mieux.

L'enseignant doit également penser en termes de tactiques. Il doit, par exemple, tenir compte du fait qu'un cas donnera lieu à une dynamique de groupe et qu'il devra éventuellement se « positionner ». Il est aussi possible que son leadership soit remis en cause. Il devra parfois faire appel à son expérience. Il est souhaitable que l'enseignant ait en réserve plusieurs tactiques afin de parer à diverses éventualités[5]. Que faire si le groupe est trop nombreux, si l'on veut favoriser une meilleure participation, ou encore si l'on désire faire échec à l'ennui ou au retrait des étudiants ?

Les problèmes qui attendent l'enseignant, à l'étape de la planification, sont en gros les suivants :

- l'absence d'une vue d'ensemble ;
- la sous-évaluation du temps à consacrer pour chaque étape ;
- l'incapacité de sélectionner ;
- l'absence de cadre d'analyse ;
- le souci de vouloir concilier tous les intérêts.

E. La préparation matérielle

Pour la préparation matérielle, voici quelques activités que l'enseignant doit prendre en considération :

- les renseignements relatifs à l'auditoire : liste, statut, origine, etc. ;
- la formation des étudiants ;
- l'expérience des étudiants avec la méthode et la matière ;
- la préparation du matériel pédagogique ;
- la reconnaissance des lieux (exemple : aménagement de la salle).

L'aménagement de la classe est souvent une contrainte. On ne choisit pas toujours la salle et on n'a pas toujours la possibilité de la réaménager. Un principe devrait néanmoins guider l'aménagement de la salle : favoriser autant que possible le contact visuel avec le plus grand nombre d'étudiants, tout en permettant à chacun de suivre les informations inscrites par l'enseignant sur le tableau ou le rétroprojecteur. Par exemple, on peut modifier une disposition en longueur en une disposition en largeur. Il n'y a alors que trois ou quatre rangées entre l'enseignant et les étudiants du dernier rang. La qualité des échanges et des relations est ainsi améliorée. Le même principe sous-tend l'utilisation de cartons indiquant le nom des étudiants. Si on veut communiquer avec eux, les interpeller si nécessaire, il est essentiel de connaître leurs noms.

Si l'enseignant choisit la méthode des cas faisant appel à la participation, les petits groupes sont avantagés pour la réalisation de l'activité. Pourtant, bon nombre d'enseignants réussissent à atteindre leurs objectifs avec de grands groupes. Plusieurs variables sont en cause, les principales étant probablement l'habileté de l'enseignant à expliquer la méthode des cas et l'expérience des étudiants. Des pédagogues suggèrent 24 étudiants comme la taille optimale d'un groupe, d'un point de vue pédagogique aussi bien qu'administratif ; on relativise toutefois les effets en fonction de la méthode pédagogique utilisée.

En théorie, la taille d'une classe ou d'un groupe apparaît comme une variable significative, encore que les effets de la taille du groupe semblent plus importants pour les classes employant la méthode de discussion que pour des classes employant des stratégies plus traditionnelles comme les conférences[6].

La figure 2.2 présente les variables qui influencent la taille du groupe de travail.

FIGURE 2.2 Représentation schématique de quelques-uns des effets que peut avoir la taille d'une classe sur le groupe et le participant

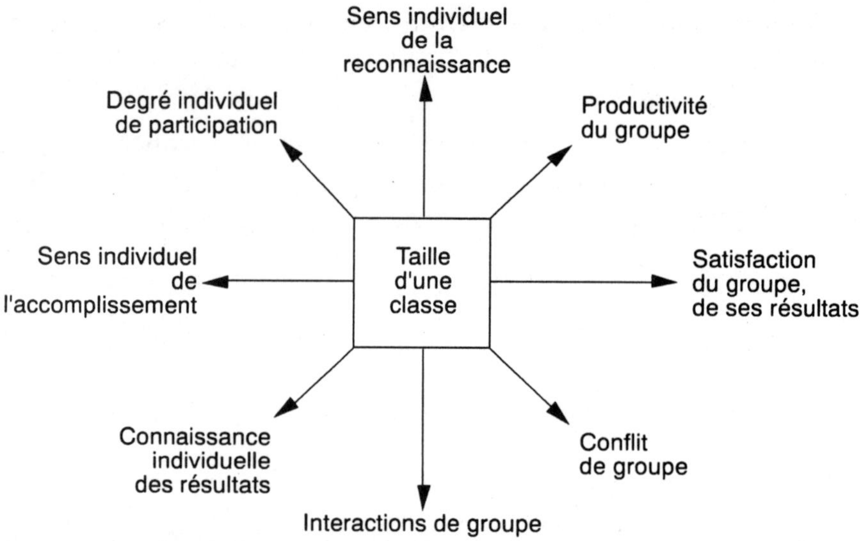

Source: I.K. Davies, **L'art d'instruire**, Éd. Hommes et techniques, France, 1976, p. 142.

Les effets de ces variables peuvent être expliquées.

À mesure que la taille du groupe s'accroît :

- les ressources du groupe s'accroissent en connaissances et en expérience ;
- le groupe devient moins apte à utiliser ces ressources parce que les canaux de communication sont trop nombreux ;
- la qualité des interventions va en diminuant ;

- les divergences d'opinion entre les étudiants vont en s'accentuant (le traitement est moins homogène, mais cela peut être utile si on veut utiliser une stratégie d'opposition) ;
- le nombre d'étudiants « en marge » augmente (il devient alors plus difficile de procéder à des évaluations) ;
- il y a davantage d'étudiants qui s'abstiennent de participer.

Il n'existe pas de taille optimale valable pour toutes les situations. La taille optimale d'une classe est liée à la nature des objectifs d'étude que l'on doit réaliser. La recherche démontre que si l'on doit réaliser des objectifs cognitifs et affectifs de faible niveau, les classes nombreuses ne sont pas moins favorables. On revient donc à l'objectif recherché. Cependant, quel que soit cet objectif, le style d'animation doit être pris en considération.

F. Le choix du style d'animation

Utiliser un cas en classe implique que l'enseignant privilégie une approche interactive, car la base du succès d'un cas est la discussion. Privilégier signifie ici accepter les principes sous-jacents à cette approche. C'est important puisque cette acceptation oriente les attitudes. La qualité des échanges, entre les étudiants aussi bien qu'avec l'enseignant, dépend beaucoup des attitudes de départ. Celles-ci déterminent l'image que l'enseignant se fait de son rôle et de son comportement en classe. À ce sujet, Axelrod[7] propose trois orientations :

- une première orientation, *centrée sur la matière* : l'enseignement vise ultimement dans ce cas, à aider l'étudiant à maîtriser des principes, des concepts, des instruments, des théories ;
- une deuxième orientation, *centrée sur l'enseignant* : tout est organisé en vue d'aider les étudiants à aborder le problème comme l'enseignant l'aborde, c'est-à-dire en se concentrant sur la transmission de la connaissance considérée comme une « norme » dans le domaine ;
- une troisième orientation, *centrée sur l'étudiant* : l'accent est mis sur le développement de l'étudiant, où les sessions sont organisées autour du désir de l'aider à se développer moralement, socialement, et intellectuellement.
- Ces catégories ne sont pas mutuellement exclusives. On peut utiliser l'une ou l'autre approche au cours d'une même session de travail, à la condition de travailler dans le sens des objectifs.

Le style peut aussi varier en termes de degré de « directivité ». On peut supposer qu'un enseignant est plus directif lorsque les étudiants ont moins d'expérience avec la méthode ou sont moins bien préparés.

Ici, l'enseignant risque de ne pas être vraiment conscient de son rôle. S'il est préférable d'agir naturellement, une spontanéité excessive peut devenir un inconvénient. L'enseignant doit être conscient de ses orientations et de ses valeurs. Il doit connaître ses forces et ses faiblesses et ne pas toujours imputer au groupe la responsabilité des difficultés rencontrées. Un style approprié à ses compétences est plus efficace.

2.2.2 L'animation

Discuter un cas a pour objectif de développer l'argumentation pour trouver une ou des solutions aux problèmes qui sont soulevés. Cela se distingue d'une simple discussion, qui est une forme d'échange où les étudiants émettent des points de vue sur des principes ou des informations qui ont été divulgués en classe.

Discuter un cas implique plus qu'une simple discussion sur un sujet donné.

L'objectif d'une discussion est de favoriser les échanges, de faire exprimer le plus « d'opinions ou d'idées » possibles sur un sujet donné. L'animateur d'une discussion est perçu comme un chef d'orchestre, un meneur du jeu, tout au long de l'exercice. Il dispose de divers moyens afin de favoriser les échanges dans le groupe et d'atteindre ainsi les objectifs. Il est le « spécialiste » de la méthode, mais pas nécessairement du contenu. L'animateur doit rester neutre sur le fond du problème. Comme le relève Mucchielli, « neutralité n'est pas synonyme d'indifférence au contenu, aux opinions et aux personnes »[8]. Ce n'est pas un « laisser-faire ». Enfin, la « non-directivité » à laquelle s'astreint l'enseignant comporte certaines exigences, par exemple : éviter d'émettre son avis, des suggestions ou encore des évaluations personnelles ; accueillir intégralement les opinions émises par les étudiants et reformuler les opinions systématiquement, constamment.

On devine ici la différence des objectifs à atteindre entre une simple discussion et une discussion de cas. Dans la méthode des cas, les objectifs sont ordinairement déterminés à l'avance par l'enseignant, tandis que dans une simple discussion, les objectifs viennent le plus souvent des participants. Un enseignant est perçu comme le spécialiste du contenu et il n'est pas évident qu'il conservera la « non-directivité » sur le fond du problème, exigée de tout bon animateur. Il peut s'engager dans le contenu si le processus d'apprentissage le demande.

A. Les phases de l'animation

Tout comme la préparation, l'animation fait appel à un processus et comporte des phases plus ou moins précises. L'identification de ces phases sert, entre autres, à la planification et, plus particulièrement, à l'évaluation de la démarche dans le temps.

La première phase consiste à entrer en relation avec les participants. Au départ, l'enseignant doit se familiariser avec le groupe, expliquer la procédure à suivre ou encore permettre aux étudiants de comprendre le processus. Préparer l'atmosphère et susciter l'intérêt sont des activités essentielles au succès de l'entreprise ; elles demandent peu de temps en regard de l'importance de leur influence sur le reste du processus. Un climat propice à l'échange favorise l'expression des idées dans un contexte de participation.

Il importe aussi de donner une structure de départ afin d'orienter la discussion. Il faut se rappeler que chaque étudiant se présente souvent avec sa petite histoire et ses préoccupations personnelles. Il vaut mieux choisir les moyens les plus appropriés afin de concentrer les étudiants sur la tâche à accomplir.

La deuxième phase, le démarrage, est certainement l'une des étapes les plus déterminantes. L'enseignant doit y avoir pensé à l'avance ; cela nécessite la préparation de questions, par exemple : Que se passe-t-il dans le cas qui nous préoccupe ? Quels sont les choix du décideur ? Quel est le problème ? À l'Université de Harvard, on privilégie la méthode suivante : l'enseignant choisit un étudiant qui doit répondre à la question et présenter son analyse. Il sera évalué sur la qualité de sa réponse. Cette façon de faire n'est pas adaptée à tous les milieux et à toutes les situations ; il existe d'autres manières de procéder.

À cette étape, on constate, avec l'expérience, que les étudiants ont plutôt tendance à résumer le cas ou à décrire la situation. Cela s'explique généralement par le fait que l'habitude du diagnostic n'est pas encore acquise, ou que les concepts théoriques en cause sont inconnus. L'enseignant peut, dans ce cas, aider les étudiants en posant des questions indirectes. Il fait en sorte que ceux-ci arrivent à « qualifier » la situation et non seulement à la décrire. Une question du genre : « Croyez-vous que cette entreprise est en bonne santé ? » permet ordinairement de rencontrer l'objectif visé. Il importe de trouver des mécanismes de réflexion pertinents et de savoir les « organiser ».

La troisième phase, l'étude du cas proprement dite, est elle-même subdivisée en quatre parties si l'on suit l'approche classique :

- l'identification du problème ou l'analyse de la situation,
- l'étude des options,
- la recommandations pour des actions spécifiques,
- l'implantation.

Chacune de ces parties peut prendre plus ou moins de temps, selon la nature du cas et l'expérience des étudiants avec la méthode et le sujet. L'enseignant a la responsabilité d'orienter la discussion, de favoriser le passage d'une phase à l'autre à l'aide de questions. Cependant, il n'est pas nécessaire de travailler toutes les phases en classe. Plusieurs objectifs peuvent être atteints en travaillant seulement à l'identification du problème.

Les enseignants, qui sont familiers avec le processus de solutions de problèmes, savent que chaque étape comporte des risques. Par exemple, l'une des principales difficultés observées chez nombre d'enseignants est la tendance à passer aux solutions avant même que le problème ne soit clairement formulé. Si l'enseignant aborde trop tôt la recherche de solutions et escamote des éléments d'analyse, il est à peu près certain que les solutions ne seront pas appropriées.

Lors de l'analyse des diverses options, le risque est d'identifier des éléments de solutions qui ne sont pas nécessairement pertinents. On peut demander aux étudiants d'expliquer de quelle façon une solution pourrait améliorer la situation ou régler le problème. C'est l'étape où l'étudiant apprend à argumenter et aussi à savoir présenter son argumentation. Il est possible qu'il y ait peu d'originalité dans le choix des options, parce qu'une même solution a été utile dans un autre cas ou simplement par projection. On peut alors amener les étudiants à être davantage spécifiques, à revenir aux faits qui ont été identifiés à l'étape précédente ou encore à utiliser les concepts appris.

À la phase du choix des options, l'enseignant a intérêt à en limiter le nombre. Un problème bien défini et des critères bien identifiés rendent cette tâche plus facile. Pour dynamiser la classe, on peut la subdiviser en deux groupes, les « pour » vis-à-vis les « contre », et demander à chaque participant d'appuyer sa prise de position. Inverser les rôles, afin de mieux comprendre les points de vue de l'autre, est également une méthode efficace. Pour ce faire, il ne doit pas y avoir de rivalité entre les participants pour que tout un chacun puisse avoir le plaisir de démolir les suggestions d'autrui.

Si la discussion se rend jusqu'à la recommandation d'une action spécifique, il n'est pas toujours nécessaire de travailler l'implantation. Cette opération demande une bonne connaissance du milieu d'application, connaissance que n'ont pas toujours les étudiants. Une bonne évaluation des suggestions formulées par les collègues constitue déjà un riche apprentissage.

Enfin, il est tout aussi important de savoir comment mettre fin à une discussion de cas. L'enseignant pourra, par exemple, demander aux étudiants d'écrire les apprentissages réalisés ou encore de résumer les points clés. Si le temps le permet, on peut s'enquérir auprès des intéressés des aspects qui ont été retenus de façon particulière. Cet exercice ouvre la porte aux « généralisations », permet d'évaluer la justesse des apprentissages et de vérifier si les objectifs ont été atteints.

B. Les conditions d'une bonne animation

Un enseignant peut être un leader et faire preuve d'autorité dans le cadre de l'exercice, mais en même temps, il ne doit pas étouffer le groupe. Si les étudiants ont l'impression d'être évalués, jugés, ils n'oseront pas formuler leurs opinions et l'enseignant ne disposera pas de la matière nécessaire pour alimenter la discussion. Malgré tout, il faut bien être conscient que la réalité peut être toute autre. L'expérience des étudiants de Harvard, racontée par Peter Cohen, un ex-étudiant, et publiée en 1973 sous le titre *The Gospel, According to the Harvard Business School,* démontre jusqu'à quel point l'évaluation fait partie intégrante du processus utilisé dans cet établissement.

Dans cette approche « non directive », il s'agit, par une série de questions appropriées, de faire découvrir à l'interlocuteur ses propres vérités. L'enseignant peut donner la parole aux étudiants, soit en posant une question directe, soit en jouant à l'avocat du diable, soit en amenant un étudiant à jouer ce rôle. Il peut aussi formuler une hypothèse qui amènera les intéressés à créer de nouveaux liens.

La structuration de l'information est l'une des principales responsabilités de l'enseignant. Le tableau devient généralement le principal instrument. Si parfois, les catégories ne sont connues au départ que de l'enseignant, elles serviront à la fin à faire la démonstration d'un concept ou d'une théorie. Ce regroupement peut aussi simplement aider les étudiants à mettre de l'ordre dans leurs idées.

Au cours de la discussion, le reflet et la reformulation restent les instruments privilégiés de l'enseignant. Ils servent d'abord à sélectionner les interventions qui surviennent pendant le déroulement de la discussion. Puis, ils permettront éventuellement de corroborer les dires d'un intervenant, de renforcer les idées d'une autre personne qui parle peu, ou encore de replacer une opinion exprimée dans son contexte théorique.

Les jeux de rôles peuvent être utilisés à toutes les étapes. Cette technique aide les étudiants à développer leurs habiletés ou à acquérir des compétences en ce qui concerne la prise de décisions, la gestion des conflits, le leadership ou la promotion d'idées. Les jeux de rôles peuvent être particulièrement intéressants dans les domaines du comportement organisationnel et de la gestion du personnel (ex. : une entrevue d'évaluation).

Un bon enseignant-animateur doit être sensible aux indices non verbaux, tels que les regards entre étudiants, la diminution du nombre de questions, l'augmentation du nombre d'individus qui restent en retrait, les bruits ou les silences. En étant le responsable de la discussion, il peut donner la parole, intéresser au passage les étudiants plus passifs, réorienter le débat, etc.[9] L'enseignant aguerri, qui connaît les aptitudes ou les compétences des étudiants dans un domaine donné, devrait chercher à les intéresser en leur posant des questions qui ramènent graduellement la discussion vers le sujet de l'exercice.

Permettre les erreurs, encourager la participation et la créativité sont d'autres aspects dont l'enseignant doit tenir compte. Si la maïeutique est associée à un accouchement, l'apprentissage, lui, n'est pas nécessairement douloureux. Il peut y avoir opposition à une idée sans pour autant qu'il y ait rejet de la personne qui la formule. On peut même l'assaisonner d'un peu d'humour. C'est une question de style.

La notion « d'attitude » prend ici une signification toute particulière. Une attitude est une disposition envers quelque chose ou quelqu'un. Elle comporte des éléments cognitifs, affectifs et oriente l'action. Le succès ou l'échec de l'exercice d'animation trouve bien souvent son explication dans l'attitude de l'enseignant. Des sentiments de menace, de peur, ou un sentiment de confiance envers les ressources du groupe font parfois toute la différence.

L'animation est l'étape essentielle de la méthode des cas. Sans elle, le cas n'a aucune valeur. Elle fait la différence entre l'instrument et la méthode. L'animation permet aux étudiants :

- d'être actifs plutôt que passifs au cours du processus d'apprentissage ;
- de vivre une expérience de collaboration et de coopération ;

- de développer les habiletés à résoudre des problèmes et la pensée critique ;
- d'améliorer l'estime de soi ;
- de clarifier leurs croyances et leurs valeurs ;
- de se motiver davantage pour les apprentissages futurs.

C. Les suivis

Nous entendons par « suivis » tous les aspects d'évaluation : le choix de la méthode, la sélection du cas, l'animation et, enfin, le rendement des étudiants. Il y aurait beaucoup à dire au sujet de l'évaluation, car c'est un vaste domaine. Nous nous contenterons de livrer quelques réflexions qui seront formulées sous forme de questions ou de problèmes, car pour nous l'évaluation est l'aspect le plus faible en rapport avec l'utilisation de la méthode.

L'évaluation du choix de la méthode et de l'instrument se fait à partir des objectifs recherchés. Les objectifs d'utilisation de la méthode des cas vont généralement dans le sens d'une évaluation formative. Cependant, la plupart des enseignants sont habitués à travailler dans le cadre d'évaluations sommatives, avec des notes qu'ils additionnent, plutôt que sur l'acquisition de compétences professionnelles. Ils sont aussi confrontés à un problème. Ils doivent se rappeler qu'il y a deux systèmes d'évaluation : celui associé au choix de la méthode (était-elle appropriée aux conditions du cours ?) et celui qui permet de noter les étudiants. Il ne faut pas oublier qu'il peut y avoir interaction entre les deux systèmes. Il est plus probable que les étudiants ne donneront pas la même performance si la méthode était inappropriée pour les objectifs choisis.

L'évaluation est une forme de rétroaction (ou *feed-back*) qui indique si l'on a ou non atteint les objectifs. Le gestionnaire reçoit son évaluation selon la bonne marche de son entreprise ; l'étudiant la reçoit sous différentes formes : la réaction de l'enseignant ou des collègues en classe, et les commentaires sur les rapports écrits. Les règles du jeu sont souvent implicites ; il est donc important, quand c'est possible, d'indiquer clairement les critères qui ont été choisis pour la notation.

L'évaluation réalisée à partir de la participation en classe fait intervenir la dynamique du groupe (par exemple, l'évaluation du leadership ou des aptitudes à exprimer son opinion clairement et au bon moment). Celle-ci comporte de grands risques. Qu'advient-il alors de l'évaluation de la compréhension des concepts ? L'examen traditionnel est bien souvent la réponse à cette question. Cela nous ramène à la question de départ : pourquoi utilise-t-on la méthode des cas pour former les étudiants en gestion ?

Enfin, il reste l'évaluation personnelle de l'enseignant-animateur. Une réflexion tirée d'un document de soutien à l'enseignement, préparé par une équipe de l'Université York, résume l'esprit dans lequel cette évaluation devrait, d'après nous, se réaliser.

> *Si vous portez attention à la façon par laquelle les étudiants apprennent plutôt qu'à votre façon d'enseigner, vous trouverez, au cours des années, que vous devenez efficace avec un nombre de plus en plus grand d'étudiants.*
>
> Center for the Support of Teaching, York University, 1989-1990, p. 14 et 15.

2.3 CONCLUSION

La méthode des cas est une technique pédagogique très riche mais aussi très exigeante pour l'enseignant. Sur le plan du contenu, non seulement doit-il connaître les concepts, les principes et les théories, mais il doit aussi les transmettre à des interlocuteurs dont la vision peut être différente. Pour atteindre des buts stratégiques, bien que l'enseignant soit compétent et d'expérience, il doit s'appuyer sur la démarche choisie. L'enseignant doit parfois s'oublier et fonctionner avec les ressources du groupe, les utiliser comme un levier. Il faut une certaine confiance en soi pour utiliser cette approche participative. L'enseignant doit avoir suffisamment d'assurance pour accepter de travailler dans un contexte où, malgré des efforts de planification, il y a toujours de l'imprévu.

L'utilisation de la méthode des cas demande plus que des aptitudes techniques à communiquer, c'est-à-dire d'être vu et entendu. La communication interpersonnelle est en cause. L'enseignant-animateur de cas doit souvent s'adapter à des étudiants qui n'entrent pas toujours en compétition et qui mettent sûrement un peu de leurs croyances et de leurs valeurs dans leurs interventions.

Les qualités demandées à un bon enseignant-animateur de cas s'apparentent à celles d'un bon animateur ayant en plus une bonne connaissance de la matière. Puisque tout le monde n'a pas toujours ces deux qualités, chaque personne développe un style personnel. Cependant, une condition demeure essentielle : l'enseignant-animateur de cas doit considérer les étudiants comme des personnes-ressources et les accepter ainsi.

NOTES

1. R. MUCCHIELLI. *La méthode des cas*, Paris, Les éditions ESF — Entreprises modernes d'édition, Librairies techniques, 7e édition, 1987, p. 10.
2. R. RONDSTADT. *The Art of Case Analysis. A Guide to the Diagnosis of Business Situations*, March, Lord Publishing, 1977.
3. M. LEENDERS et J.A. ERSKINE. *The Case Writing Process*, Research and Publications Division, School of Business Administration, University of Western Ontario, 1978.
4. J.G. CLAWSON et S.C. FREY Jr. « Mapping Case Pedagogy », dans *The Organizational Behavior Teaching Review*, vol. 11, tome 1, 1986-1987, p. 1 à 8.
5. R. RONSTADT, *op. cit.*
6. I.K. DAVIES. *L'art d'instruire*, Éd. Hommes et techniques, France, 1976, p. 142.
7. J. AXELROD. « From Counter Culture to Counter — Revolution : A Teaching Career, 1959-1984 », *New Directions for Teaching and Learning*, n° 1, 1980, p. 7-20.
8. R. MUCCHIELLI, *op. cit.*
9. R. MUCCHIELLI, *op. cit.*

L'ambition des livres,
c'est d'être lus.
Moi aussi, je l'ai cru longtemps.

BERNARD PIVOT,
La Bibliothèque idéale.

L'ambition des cas,
c'est d'être discutés.
Moi aussi, je l'ai cru longtemps.

PAUL DELL'ANIELLO

GUIDE DU CONCEPTEUR DE CAS

III LA RÉDACTION DES CAS EN GESTION

« Écrire un article ou donner un exposé sur la méthode des cas m'a toujours semblé un paradoxe. Préparer un manuel qui expose comment écrire des cas est encore plus paradoxal. » Ainsi s'exprime le professeur James Culliton dans les toutes premières lignes de son ouvrage intitulé *Handbook on Cas Writing*[1]. Cet expert dans l'enseignement du management à l'aide de la méthode des cas laisse entendre qu'il est probablement plus approprié d'apprendre à écrire des cas en écrivant des cas, qu'en lisant un manuel qui tenterait d'enseigner une technique détaillée de rédaction des cas.

Ce chapitre a été préparé en s'inspirant du proverbe latin suivant : « c'est en forgeant que l'on devient forgeron ». Il n'est pas question de proposer une recette infaillible menant à la rédaction d'un bon cas. Tout au plus exposerons-nous certaines idées directrices dans le but de mieux exploiter cette méthode d'enseignement.

3.1 POURQUOI ÉCRIRE DES CAS EN GESTION ?

3.1.1 Une question de principe

Dès le début du siècle, on se demandait quelle était la méthode d'enseignement la plus appropriée en matière de gestion des organisations. La question se posait avec d'autant plus d'acuité que la discipline était, et est encore perçue, tantôt comme une science, tantôt comme un art.

Certains établissements universitaires ont procédé à des choix qui, en fonction de leur vision du domaine, ont orienté leurs activités pédagogiques et leur style de recherche. Comme nous l'avons mentionné dans la section précédente, Harvard Business School (HBS), par exemple, a opté pour un enseignement où domine, en classe, la discussion de situations vécues dans les entreprises. Cette approche tient pour acquis que les enseignants acceptent d'adopter un style d'enseignement qui valorise la participation, la discussion, l'analyse et la prise de décisions. Dans ce cas, on doit faire intervenir des situations crédibles et suffisamment intéressantes pour amener les étudiants à s'engager dans le processus d'apprentissage.

Cette approche a amené HBS à diriger des ressources humaines et financières vers une activité qui n'entre pas directement dans les catégories traditionnelles de l'enseignement et de la recherche pure, qui font normalement partie de la tâche normale d'un enseignant à l'université.

Dans la mesure où l'on voulait que les étudiants discutent des cas de gestion, il a fallu en rédiger. C'est ce que l'on a fait de façon massive, depuis plus de 80 ans, non seulement à HBS mais aussi dans beaucoup d'universités et de centres de formation aux États-Unis, au Canada et en Europe.

3.1.2 Pourquoi continuer à écrire des cas ?

À l'heure actuelle, on compte plusieurs milliers de cas répertoriés par l'Intercollegiate Case Clearing House, mis sur pied par HBS. On pourrait alors se demander pourquoi on continue à écrire des cas, d'autant plus qu'il en existe déjà plusieurs dans chacune des disciplines (finance, marketing, ressources humaines, affaires internationales, gestion des opérations, recherche et développement, relations industrielles, gestion informatisée) et applications (stratégie, design organisationnel, contrôle, changement organisationnel, motivation et simulation des performances).

On continuera à écrire des cas pour les mêmes raisons que l'on continuera à écrire des romans : parce que les circonstances de la vie changent et que personne n'a rien dit et ne dira probablement jamais rien de définitif, ni sur la vie des hommes, ni sur celle des entreprises. Leenders et Erskine affirment, dans *The Case Writing Process*[2], que de nouveaux cas sont aussi importants pour la méthode des cas que du sang neuf peut l'être pour la Croix-Rouge... Il faudra sans cesse renouveler les banques de cas.

Parmi les principales raisons invoquées pour la rédaction de nouveaux cas, on note, entre autres :

- l'apparition de nouveaux types de problèmes (ex. : l'informatisation, la mondialisation, la robotisation), de nouvelles théories (ex. : l'approche japonaise de la gestion, la comptabilité sociale, la culture organisationnelle), de nouveaux sites d'investigation (ex. : les entreprises nationales, les franchises), de nouveaux contextes (ex. : le phénomène des *yuppies* et des *dinks*) ;

- les changements historiques et politiques (ex. : Allemagne unifiée, démocratisation de pays autrefois communistes) ;
- les nouveaux rôles des agents économiques (ex. : les femmes au travail, les syndicats, l'État entrepreneur, les groupes de pression).

Une autre raison fondamentale qui explique le besoin de nouveaux cas, est le vieillissement des situations décrites dans les cas déjà publiés. Les étudiants ne peuvent manifester de l'intérêt pour des cas qui n'évoquent rien pour eux, par exemple, un salaire annuel de 4 000 $, Edsel, une économie de guerre froide, ou encore une situation où les gouvernements des États-Unis et du Canada équilibrent leurs budgets...

Concrètement, les clientèles étudiantes traditionnelles en milieux universitaire et collégial, tout comme celles inscrites dans des cours de formation d'hommes et de femmes d'affaires, exigent :

- du matériel pédagogique pertinent ;
- que l'on suscite, chez elles, l'intérêt, le goût de participer, de se reconnaître ;
- de sentir que la matière sur laquelle ils se pencheront en classe se rapproche de la réalité vécue dans le monde des affaires.

Quant aux animateurs qui font appel à cette méthode de formation, on note qu'ils se sentent plus à l'aise en classe lorsqu'ils utilisent du matériel pédagogique qu'ils ont eu l'occasion de créer eux-mêmes. Les étudiants discernent rapidement la complicité qu'unit l'enseignant à ses personnages. Cela les amène à accorder encore plus de crédibilité à la situation qu'on leur propose d'analyser.

Même s'il est encore possible de traduire de bons cas américains et de les adapter au contexte québécois, rien ne vaut une situation locale qui colle à la réalité socioculturelle des étudiants.

Ce besoin d'avoir notre propre matériel pédagogique est également essentiel dans le cadre de programmes de formation en gestion offerts à des étudiants provenant de pays étrangers, comme c'est le cas en coopération internationale. Les différences culturelles profondes rendent par exemple difficile la discussion, dans certains pays africains, d'un cas portant sur les fondements du marketing ou sur le rôle du contremaître tel qu'on l'entend en Amérique du Nord.

Pour toutes ces raisons, il semble que l'on continuera à écrire des cas et que plusieurs personnes, qui sont pourtant rompues à la discipline de l'écriture scientifique, se sentiront démunies devant la marche à suivre pour produire, à l'aide d'un cas, du matériel pédagogique acceptable.

Dans la section suivante, nous nous penchons sur les règles de la rédaction de nouveaux cas. Ces règles visent principalement à inviter ceux que la question intéresse, à ne pas être rebutés par la technique et de passer rapidement à l'action.

3.2 COMMENT ÉCRIRE DES CAS EN GESTION ?

Dans cette section, nous allons préciser les paramètres qui entourent la rédaction des cas. Pour y arriver, nous répondrons aux trois questions suivantes :

- **Qui** écrit des cas ?
- **Où** trouver des situations pouvant donner naissance à des cas ?
- **Comment** rédige-t-on un bon cas ?

3.2.1 Qui écrit des cas ?

La rédaction des cas n'est pas une profession fermée. La majorité des cas utilisés dans les meilleures écoles de management ont été écrits, ou du moins préparés, par des assistants de recherche associés à divers domaines de la gestion.

Voici comment se déroule l'élaboration d'un nouveau cas :

- l'enseignant note un **besoin** pour un nouveau cas, afin d'illustrer un concept ou une situation dans l'un de ses cours ;
- il identifie une **situation sur le terrain** grâce à une personne-ressource ;
- l'enseignant, ou le plus souvent son assistant, **recueille les données** et les faits pertinents ;
- l'assistant réalise les **entrevues** ;
- ce dernier rédige la **première version** et la soumet à l'enseignant responsable ;

- le cas est **testé** en classe ;
- des **corrections** sont apportées, et le cas pourra alors être utilisé en classe et souvent publié ;
- la **permission** d'utiliser le cas est accordée par l'entreprise ;
- une **note pédagogique** est préparée pour accompagner l'utilisation du cas.

Le partage du travail entre l'enseignant et son assistant varie selon les ressources mises à leur disposition et le style des personnes qui y participent. Contrairement à HBS et à l'Université Western en Ontario, très peu d'universités canadiennes peuvent se permettre d'avoir des équipes spécialisées ou des assistants de recherche voués à la rédaction des cas. En pratique — et dans la plupart des universités québécoises —, ce sont les enseignants eux-mêmes qui réalisent presque toutes les étapes menant à la rédaction des cas.

Un bon rédacteur se rapproche d'un bon reporter en ce sens qu'il doit présenter une situation vécue et non une interprétation de celle-ci. Rédiger des cas nécessite du temps et du doigté lors de la collecte des données, ainsi que la capacité de synthétiser, et surtout d'écrire un texte qui sera lu par un lectorat particulier. Le rédacteur doit accepter que le résultat de son travail ne se limite pas à la production d'un texte bien écrit, mais d'un texte qui atteint un public précis et qui sera utile en classe.

Le lecteur voudra discuter du cas et surtout apprendre quelque chose de cette discussion. Si ce but n'est pas atteint, toutes les démarches antérieures auront été vaines.

Un excellent cas doit avoir les qualités suivantes :

- **précision** dans les faits retenus,
- **objectivité** dans la façon de présenter les faits,
- **clarté** du style,
- **logique** dans la description des faits,
- **sensibilité** face aux personnages et à leurs comportements.

Quant aux relations entre le rédacteur et l'enseignant, elles doivent :

- reposer sur une bonne compréhension des objectifs visés par l'enseignant lorsqu'il utilisera ce cas (niveau du cours, clientèle, place dans le plan du cours, etc.) ;

- être fréquentes tout au long du processus.

La figure 3.1 trace les étapes de la rédaction d'un cas, de son identification à sa réalisation finale.

FIGURE 3.1 Étapes de la rédaction d'un cas

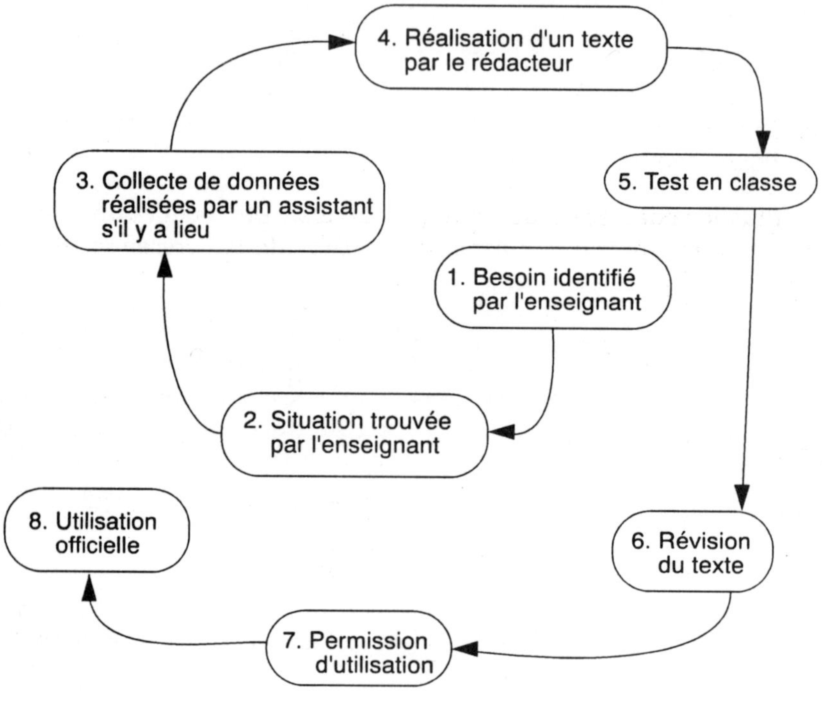

3.2.2 Où trouver des situations pouvant donner naissance à des cas ?

Les cas prennent ordinairement forme à partir des besoins ressentis par les professeurs dans leur enseignement. Ceux-ci tentent d'identifier des situations qui peuvent donner assez de matière pour la rédaction d'un cas. L'élaboration de ces situations se fait par l'entremise de contacts personnels ou à l'aide de rapports de consultation.

C'est dans le monde des affaires et non pas dans la mémoire, dans l'expérience et non dans l'imagination créatrice de l'enseignant que se trouve la matière pour écrire de nouveaux cas. Lorsque le rédacteur s'éloigne des faits vécus, il risque de forcer la réalité du sujet, de mettre en exergue un point destiné à illustrer un concept.

Ce que l'on appelle en anglais les *arm chair cases*, qui s'écrivent en combinant le vécu à l'imaginaire, ne sont pas des cas au sens strict du terme. Il ne s'agit pas vraiment de tranches de vie livrées sur le vif. Un bon cas doit ressembler davantage à une photographie réaliste qu'à un tableau impressionniste. À l'occasion, on trouvera acceptable un cas *arm chair*. Mais il est préférable de se tourner vers la pratique et de rédiger des cas vécus.

Les professionnels de la gestion, les consultants, les gens du domaine bancaire, les relations d'affaires de l'enseignant, les diplômés, l'établissements universitaire, etc., voilà autant de sources qui peuvent amener de nouveaux cas.

Plus le rédacteur a des activités diversifiées, meilleures sont ses chances de rencontrer des gens susceptibles de lui présenter de nouveaux cas. Un professeur qui enseigne, par exemple, au niveau du MBA et qui donne des cours de formation auprès d'une clientèle dans le domaine des affaires, aura souvent l'embarras du choix.

Le rédacteur peut avoir deux approches différentes :

- une attitude passive, en ce sens qu'il laisse venir librement les occasions de rédiger de nouveaux cas ;
- une attitude proactive qui part de besoins pédagogiques plus ou moins précis et qui tente de les combler en trouvant des situations qui se prêtent à une illustration des objectifs visés.

En général, puisque la plupart des établissements universitaires ne se sont pas dotés d'équipes permanentes de rédacteurs et de recherchistes, on privilégie la seconde approche.

En somme, plus un professeur fait appel à la méthode des cas dans son enseignement, plus il trouve des façons de faire savoir à son entourage (ex. : les milieux des affaires et universitaires) qu'il est toujours à la recherche de situations intéressantes pour la conception de nouveaux cas.

3.2.3 Comment rédige-t-on un bon cas ?

A. Le style littéraire

Un cas est le produit d'un genre littéraire particulier, qui se distingue de la plupart des autres textes écrits que les lecteurs, en général, et les étudiants en administration, tout spécialement, lisent. En effet, un cas n'est pas un écrit destiné à une seule lecture, comme les articles scientifiques et les manuels conventionnels.

Un cas commence véritablement à être un cas seulement après avoir été lu.

Le rédacteur d'un cas doit écrire un texte qui deviendra matière à discussion pour un groupe de personnes qui espèrent améliorer leur compréhension de certains aspects ou concepts liés à la gestion.

Un bon cas raconte souvent une histoire intéressante et met en contact le lecteur avec non seulement des données chiffrées, mais aussi des personnages réels.

- Le cas **ne doit pas devenir un roman**, et encore moins un roman policier ;
- L'accent ne doit pas être mis sur l'intrigue, et encore moins sur la recherche du coupable qui a opté pour la mauvaise décision.

Un cas n'est pas seulement un reportage où on relate les principaux faits, par rapport à une situation ou à une crise. Un bon cas ne doit pas seulement décrire, il doit également fournir la matière à discussion et mener à un apprentissage. Un bon cas doit être crédible, c'est-à-dire qu'il doit se rapprocher le plus possible des événements vécus par les acteurs dans une situation donnée et non pas être une vision de l'auteur. Cela signifie que dans le texte, il faudra parfois introduire des données qui pourraient sembler inutiles ou contradictoires pour un journaliste, mais qui reflètent les notions des preneurs de décision. C'est aux lecteurs, et non au rédacteur, de départager l'essentiel de l'accessoire.

Un cas n'est pas non plus un essai, une monographie ou une description portant uniquement sur des données économiques ou technologiques reliées à une situation. La gestion repose sur la prise de décisions et l'enseignement de cette discipline, par l'entremise de cas, porte sur l'art de se comporter dans un contexte décisionnel. Le *focus* du cas sera autant que possible un événement qui conduira à une décision ou qui, à tout le moins, en exigera une.

Il importe de décrire une situation vécue qui s'apparente, en général, à l'une des trois catégories suivantes :

- Analyse et critique d'une décision qui a été prise dans une situation précise

Madame Roy a décidé de lancer un commerce de traiteur à Iberville. Dans le contexte décrit, est-ce, à votre avis, une bonne décision ?

- Analyse d'un problème et proposition de quelques options afin de le régler

  Madame Roy voudrait bien se lancer en affaires. Elle se demande si elle a plus de chance de réussir dans la restauration, dans la vente de vêtements pour enfants ou encore dans un autre domaine. En vous basant sur les données du cas, que lui conseillez-vous ?

- Analyse d'une situation et précision de la nature du problème qu'elle sous-tend

  Madame Roy est propriétaire d'une boutique de vêtements pour enfants. Elle s'inquiète de la faible croissance de ses ventes des six derniers mois de 1990. « Est-ce normal ? », vous demande-t-elle.

Ce genre littéraire s'adresse à un public utilitariste qui a des caractéristiques spéciales. Ce public a, par exemple, un temps limité pour prendre connaissance des données du cas afin d'en discuter, de façon élaborée, avec des collègues. Ceci détermine certains paramètres qui conditionneront le style qui sied le mieux à un cas. Nous reviendrons sur la question du style un peu plus loin.

Il est souvent difficile pour le rédacteur de se rendre à l'évidence que les cas ne seront pas lus par un public qui lui ressemble. Un cas doit parfois être conçu pour un public néophyte et non pour des chercheurs. Pour le moment, disons que ce public préfère des situations dans lesquelles on propose avec simplicité et élégance, une tranche de vie. Cela permet au rédacteur de retrouver des éléments qui amèneront le public à généraliser certains concepts ou processus utiles à une meilleure compréhension de la gestion.

B. Les contraintes inhérentes à la rédaction des cas

Chaque cas sert à former une clientèle bien ciblée. Par exemple, un professeur d'entrepreneurship au niveau du baccalauréat désire illustrer un problème en rapport avec le lancement d'une PME. À cause du thème, il doit utiliser un certain style et un certain niveau de langage. En ce qui concerne la matière (ex. : la finance, le marketing, la stratégie) et l'auditoire (ex. : des gens d'affaires, des étudiants du MBA et du baccalauréat en sciences comptables), l'enseignant doit présenter des types de cas particuliers. Le rédacteur expérimenté verra à choisir un genre de cas qui correspond au public visé. Ainsi, les cas portant sur la stratégie sont, en général, plutôt longs (30 pages et plus) ; les cas relatifs à la finance ont moins de texte et davantage de tableaux chiffrés ; et quant aux cas sur l'entrepreneurship, ils contiennent plusieurs dialogues.

Le niveau de difficulté du cas influence le rédacteur. On identifie trois niveaux d'abstraction.

La présentation d'une décision et la discussion

Voici le genre de question qui sert le plus souvent à lancer la discussion : « Que pensez-vous de la décision de monsieur Lamontagne d'ajouter une autre gamme de produits ? »

La confrontation d'une série d'options

Dans ce cas, la question qui sert à lancer la discussion est : « À votre avis, monsieur Lamontagne devrait-il ajouter une gamme de mobiliers de cuisine à sa gamme de mobiliers de chambre à coucher, ou diversifier plutôt sa gamme de mobiliers de chambre à coucher ? »

La mise en situation d'un événement où la présence, ou encore la nature du problème, n'est pas vraiment explicite

La question qui est posée est plus subtile et ne doit pas orienter la discussion vers des pistes d'analyse précises. On songe plutôt à une phrase neutre afin de lancer la discussion. Par exemple : « Que pensez-vous de cette entreprise ? Aimeriez-vous en être actionnaire ? Quel en est l'état de santé ? »

Il faut se rendre à l'évidence :

Très peu de cas deviendront des classiques ou des best-sellers utilisés par un large public.

En fait, la majorité des nouveaux cas a une vie très courte et une utilisation circonscrite à l'entourage immédiat de l'enseignant, qui en a été l'initiateur. Quelques-uns seront publiés et jouiront aussi d'une certaine notoriété et d'une certaine longévité.

Sans vouloir encourager quiconque à la négligence ou à un manque de rigueur dans le niveau de langage utilisé dans la rédaction d'un cas, il faut mettre l'accent sur un aspect particulier, même s'il devient une contrainte ou un point.

Un cas bien écrit deviendra un bon cas seulement s'il est bien discuté en classe.

Cette dernière contrainte devrait l'emporter sur toutes les autres. C'est le seul test valable. Certains individus perfectionnistes, habitués à présenter des travaux scientifiques dans des revues de haut calibre, aiment remettre leur travail vingt fois sur le métier. Ces gens risquent de se sentir mal à l'aise avec ce point de vue. Il serait illusoire de passer plusieurs années à rédiger « le cas », qui reléguera aux oubliettes tous les autres écrits dans le domaine.

C. Les étapes de la rédaction d'un cas

À partir du moment où l'on choisit d'écrire des cas du genre « tranche de vie » et que l'on s'éloigne des *arm chair cases*, il faut respecter certaines étapes afin de passer de la conception à la réalisation. Selon les situations, chacune des étapes demandera au rédacteur d'investir plus ou moins de temps. Des étapes pourront être réalisées par l'enseignant lui-même, d'autres par un rédacteur professionnel, l'assistant de recherche s'il y a lieu, et des personnes spécialisées dans un domaine (par exemple, le conseiller juridique de l'établissement).

Voici les principales étapes de la rédaction d'un cas.

La collecte des données

Afin de rendre le plus réaliste possible le produit fini, il faut prendre beaucoup de soin pour que les données qui l'accompagnent collent à la réalité. D'où l'importance d'une collecte de données qui ne se limite pas à une source. Il est souvent essentiel de commencer le travail par une collecte de données écrites sur l'entreprise : ses concurrents, son secteur d'activité et ses caractéristiques.

Les bibliothèques universitaires et collégiales disposent généralement de ces sources documentaires nécessaires à la réalisation de cette première étape. Les journaux économiques, comme *Les Affaires*, *La Revue Commerce*, *Financial Post*, etc., ou les données d'entreprises que vise le rédacteur, telle que Standard & Poors, sont autant de sources de renseignements utiles.

Le succès de l'exercice dépend souvent de la qualité des rapports qui s'établiront entre le rédacteur et les personnes au sein de l'entreprise. Ces relations doivent être empreintes de respect et de professionnalisme. Cette étape, qui fournit la toile de fond nécessaire à la préparation d'un bon canevas d'entrevue, fait économiser du temps à tous par la suite.

Les entrevues

La collecte de données sur le terrain se fait grâce à des entrevues qui sont, la plupart du temps, enregistrées. On ne peut s'improviser intervieweur, surtout dans une situation délicate où, par exemple, il arrive que des personnes soient invitées à commenter les décisions des collègues ou des supérieurs.

Mener une entrevue est un art. La documentation à ce sujet abonde. Qu'il nous suffise seulement de mettre l'accent sur les notions de confiance et de confidentialité, primordiales dans les circonstances. Le rédacteur doit faire preuve d'une éthique impeccable et expliquer sans détour les buts qui ont mené à la rencontre.

Le rôle de l'intervieweur n'est ni de juger ni de conseiller. Pourtant, les personnes interviewées peuvent parfois avoir l'impression que derrière les questions du rédacteur se cache une tentative d'évaluation de leur performance. L'intervieweur doit dissiper cette inquiétude et les rassurer afin qu'elles participent à une activité ayant un objectif éducatif et non à une quelconque évaluation.

Les faits doivent être recueillis tels qu'ils ont été perçus ; ils ne doivent pas servir les impératifs du cours de l'enseignant. Comme un miroir déformant, il y a toujours un risque de changer la réalité.

Les questions ouvertes et une attitude non directive constituent des qualifications préalables auxquelles s'ajoutent une objectivité et une écoute attentive. Mais si l'intervieweur a déjà travaillé pour l'entreprise (par exemple, en tant que consultant), il peut manquer d'objectivité et déformer inconsciemment les faits.

Il est possible d'obtenir de bons résultats si l'on évite de poser ce genre de question : « Quel est le problème ? » Il faut plutôt questionner les faits : « Avez-vous participé au lancement du nouveau modèle ? », « Comment cela s'est-il déroulé ? », « Êtes-vous satisfait ? ».

On recommande d'emprunter l'approche des agents d'assurances, c'est-à-dire de tenter de soutirer des informations supplémentaires des personnes interviewées.

La sélection

L'étape de la sélection est particulièrement délicate, car le rédacteur doit faire des choix et faire appel à son expérience et à son jugement. Le rédacteur qui aura franchi sans difficultés les deux étapes précédentes aura amassé assez de matériel pour écrire... plusieurs cas. Il doit trouver le juste équilibre entre les informations recueillies et la matière à donner aux étudiants pour qu'ils puissent engager une discussion enrichissante.

Lorsque vient le temps de faire le choix du matériel, le rédacteur doit tenir compte des besoins pédagogiques à combler, des nombreuses facettes de la réalité que les entrevues ont dévoilées, de l'importance de conserver tous les faits et de la nécessité de confronter diverses opinions.

Le rédacteur doit aussi garder à l'esprit les limites matérielles imposées à la production de son texte final et qui l'empêcheront de révéler toutes les informations recueillies. Il n'est pas toujours possible de tout dire en quelques pages pour que les étudiants puissent discuter par exemple, de l'ouverture ou de la faillite d'un commerce, aussi petit soit-il.

La corroboration des faits par de nouvelles sources d'information

Lorsque le rédacteur a réalisé la première version d'un cas, il voudra le tester afin de l'améliorer. Il existe deux façons de corroborer les faits.

En premier lieu, il faut vérifier si les informations représentent des opinions plutôt que des faits. Est-il vrai, par exemple, que « 1990 a été une année difficile pour l'industrie du meuble », comme l'affirme un intervenant ? Est-il juste de dire que « la technologie de pointe dans un domaine quelconque est le laser » ? En second lieu, une fois que le rédacteur a effectué la vérification des sources d'information, il lui faut présenter les faits tels qu'ils sont. Puis, il doit trouver une façon de rédiger qui laisse entrevoir une opinion, par exemple : « Selon le président... ».

La rédaction de versions successives

Il est peu probable que la première version d'un cas passe immédiatement la rampe. En général, la première version est examinée par l'enseignant et, souvent, par les dirigeants de l'entreprise avant qu'il ne soit évalué en classe. Cet examen demande des corrections et des ajustements pour que la réalité soit respectée. De cette façon, on s'assure de l'accord des dirigeants pour utiliser le cas en classe ou le publier.

Lors de la deuxième version, on détermine, en accord avec les dirigeants de l'entreprise, s'il y a lieu de déguiser le cas. Même si cette étape est très délicate, il apparaît parfois essentiel, pour des raisons autant d'éthique que légales, ou encore pour une saine gestion, de changer le nom de l'entreprise et de ses dirigeants, de modifier l'ordre de grandeur des chiffres, de relocaliser une usine, etc. À cette étape, il peut se glisser des incongruités qui mineront la crédibilité du cas. C'est aussi à cette étape que, selon une entente établie par des conseillers juridiques, le rédacteur demande à l'entreprise de lui accorder le droit d'utiliser le cas en classe ou de le publier.

Un conseil :

Il ne faut jamais utiliser un cas pour lequel on n'a pas obtenu de permission de publication et d'utilisation. Sinon, l'entreprise ou la personne citée dans le cas pourrait engager des poursuites judiciaires.

D. Les critères à respecter pour susciter l'intérêt

Un cas doit être soumis à deux tests importants :

- il doit être **lu** ;
- il doit être **discuté**.

On exige davantage d'un cas que de n'importe quel autre genre de textes écrits. Pour réussir avec succès les deux tests, un cas doit être présenté de façon à maintenir l'intérêt constant, à donner matière à une discussion soutenue en classe.

Une enquête, menée par les enseignants Bernett et Chakravarthy, publiée dans *Harvard Business Bulletin* et intitulée « What Awadens Student Interest in a Case »[3] est souvent citée en exemple. Cette enquête devrait guider tout rédacteur de cas qui veut intéresser ses lecteurs.

La plupart des étudiants estiment qu'un bon cas :

- raconte une **histoire** ;
- est cohérent au plan de la toile de fond ;
- est centré sur un **problème intéressant** ;
- inclut des **citations** des dirigeants et travailleurs de l'entreprise ;
- **exige que l'on trouve des solutions** à des problèmes de gestion ;
- présente des **alternatives** d'action ;
- permet **d'acquérir des habiletés** utiles dans le monde de la gestion.

Des styles différents (ex. : narratif, logique) peuvent donner d'excellents résultats si, dès le départ, le problème a de l'intérêt. Le rédacteur doit adopter un style avec lequel il se sent le plus à l'aise. En général, les chances qu'il écrive un bon cas augmente s'il suit quelques règles qui relèvent plus de l'expérience que de la rigueur scientifique.

Le style narratif, qui suit le fil historique des événements, se lit très bien, mais à certaines conditions. Même si les avis sont partagés sur ce point, le style narratif, sur le plan strictement grammatical, suppose que le texte soit écrit au passé.

> *Le président-directeur général de l'entreprise se demandait s'il devait congédier son directeur des ventes à la suite des mauvais résultats des deux derniers trimestres.*

Quand on utilise ce style, il ne faut pas se perdre dans une suite d'incidents qui mènent à la confusion et au manque d'intérêt. On mesure l'importance de cette remarque à la façon dont l'information a été recueillie. En effet, si les entrevues ont fourni beaucoup de matériel au rédacteur, il arrive souvent que les intervenants ont relaté des faits qui s'entrecroisent et s'enchevêtrent. Le rédacteur, et non les étudiants, doit respecter l'ordre chronologique des faits. C'est à ce moment que se pose avec le plus d'acuité la question de l'objectivité.

L'ajout de dialogues peut également poser un problème. Peu de chercheurs ont de l'expérience comme romancier, mais ils sont aptes à rédiger un fait pour le rendre crédible. Si l'on juge qu'il est préférable de laisser parler les acteurs du cas, il vaut mieux les laisser s'exprimer avec leurs mots et leur style. Il faut éviter de traduire en langage universitaire le discours d'un entrepreneur autodidacte ou un contremaître de chantier. Cela sonnerait faux et pourrait nuire à la crédibilité du texte.

Le rédacteur a intérêt à imiter le style des journalistes plutôt que celui des auteurs dramatiques. Cela ne signifie pas pour autant qu'il faille écrire un texte terne, bien au contraire. D'entrée de jeu, un paragraphe accrocheur réussira à rendre un cas moins rébarbatif.

> *Deux employés morts dans l'explosion de l'usine !*
>
> *François, qui occupait le fauteuil de PDG depuis la maladie de son père, se demandait comment faire face aux journalistes qui s'impatientaient dans la salle de conférence. Comment leur expliquer que ce drame était le résultat d'une négligence de...*

Plus la situation est complexe, plus il faut guider les étudiants à l'aide de divisions dans le texte qui leur permettront de faire le point. Comme nous le verrons dans la section suivante, ces divisions peuvent prendre diverses formes. C'est une façon parmi d'autres de guider discrètement les étudiants dans le texte.

Certaines situations, par exemple le domaine de la stratégie, se prêtent moins bien à un style narratif. On privilégie alors une description logique de la situation en faisant une revue de l'environnement externe et un exposé des fonctions de l'organisation. Seuls les dialogues des dirigeants seront permis et porteront sur la mission et la vision de l'entreprise plutôt que sur des événements ponctuels dans lesquels les personnages occupent des postes stratégiques ou d'exploitation.

Dans les domaines techniques, par exemple, la finance ou la recherche opérationnelle, les données chiffrées occupent une place importante, tandis que dans les cas portant sur la gestion des ressources humaines, les annexes composées de tableaux de chiffres sont moins pertinentes. Il importe d'adapter son style au domaine et au sujet traités.

Il faut aussi avoir une idée assez précise de l'objectif à atteindre lorsqu'on rédige un cas. Nous ne voulons pas inciter le rédacteur de cas à changer les faits pour qu'ils s'adaptent aux besoins pédagogiques. Néanmoins, il faut tenir compte des aspects sur lesquels on mettra l'accent. Par exemple, si le cas servira plutôt à développer le jugement analytique des étudiants plutôt que le jugement synthétique, cela devrait influencer le style du rédacteur, ainsi que la quantité et le type de données qui accompagneront le texte.

E. La présentation finale

Depuis le début, nous avons traité de rédaction de cas écrits ; pourtant, de plus en plus on présente des cas sous diverses formes (ex. : documents audiovisuels, et cas informatisés). Nous pouvons penser que le cas écrit, le plus pratique et le moins coûteux, sera pour quelques années encore la forme la plus utilisée.

Un cas écrit devrait se rapprocher de la forme suivante :

- paragraphe d'**introduction,**
- **historique** de l'entreprise,
- mise en valeur du **problème** et des **protagonistes,**
- rappel de la **décision** prise ou à prendre,

- mise en situation des étudiants, **rôles à jouer,**
- **note** sur l'industrie ou la technologie,
- **annexes** et **tableaux** liés au problème.

Examinons quelques aspects importants de la présentation écrite.

Le premier paragraphe

C'est le plus important de tous. Il doit faire en sorte que l'étudiant entre dans le vif du sujet, en lui exprimant succinctement la raison d'être du cas, l'entreprise étudiée et le rôle qu'il a à jouer. Voici quelques exemples :

- Un énoncé d'une personne qui travaille dans l'entreprise :

  Les choses ont bien changé depuis que nous avons décidé d'exploiter des franchises.

- Un événement urgent, précis :

  Monsieur Laramée se demandait comment interpréter la demande que son directeur de banque lui a faite au téléphone. Pourquoi voulait-il que dès lundi, l'entreprise lui présente les mouvements de trésorerie pour les six prochains mois ?

- Un fait :

  Les dirigeants de IKEA venait d'apprendre que la compagnie SEARS voulait se lancer dans le secteur des meubles à assembler. Ils se demandaient comment interpréter cette nouvelle.

- Un fait accrocheur :

  Les deux hommes que je viens d'introduire dans le bureau de mon patron ressemblent à des agents de la GRC. Il y a des choses étranges qui se passent dans l'entreprise depuis deux ou trois semaines, ne pensez-vous pas mademoiselle Rioux ?, dit à voix basse la secrétaire du contrôleur tout en essayant de saisir quelques bribes de la conversation.

- Un rôle à jouer :

  Pour comprendre les causes de la baisse du volume des ventes de shampoing pour bébé, vous décidez, en tant que directeur du marketing d'une grande entreprise, de faire appel à un conseiller en marketing. Les dirigeants de l'entreprise et vous, vous apprêtez à lire la note que le conseiller vous a fait parvenir afin que vous puissiez préparer votre première rencontre avec le directeur du marketing.

Le développement du cas

Pour communiquer efficacement, il importe de suivre trois étapes :

- dites-leur ce que vous allez leur dire,
- dites ce que vous avez à dire,
- dites-leur ce que vous leur avez dit.

Un bon texte, et même une bonne conférence, comporte :

- une introduction,
- un développement,
- une conclusion.

Nous avons déjà donné quelques indications sur l'introduction d'un cas. Voyons maintenant comment se prépare le développement d'un cas, c'est-à-dire les éléments sur lesquels porteront la discussion.

Puisque l'information vient de diverses sources, le rédacteur doit la réorganiser. À première vue, on serait tenté de croire que les faits sont biaisés, ne serait-ce que parce qu'ils sont résumés et classés. Cette situation est inévitable, et le rédacteur doit l'accepter ainsi.

Pour conserver son objectivité, il faut prendre garde à l'importance qui est accordée, consciemment ou non, à l'un ou l'autre des faits. Il est préférable de laisser aux autres le soin de mettre l'accent là où ils le jugent opportun. L'art du rédacteur réside dans son choix des dialogues ou dans l'expression des opinions qu'il livre au lecteur.

Au risque de faciliter la lecture aux étudiants, le développement du texte ne doit pas être qu'une suite de paragraphes. Il est important, à partir du style que l'on a choisi (ex. : historique, logique) de permettre à l'étudiant de se retrouver grâce à des chapitres bien définis qui le guideront, non pas dans une solution ou une approche analytique unique, mais plutôt dans une lecture intelligente du texte.

Beaucoup de cas contiennent des annexes plus ou moins complexes et pertinentes. Le rédacteur est alors placé devant un dilemme auquel il aura eu à faire face tout au long de la rédaction. Doit-il inclure uniquement ce qui est pertinent ou simuler la réalité en incluant dans son exposé des éléments non appropriés dans l'analyse ?

Que le patron ait les yeux bruns et qu'il aime faire la cuisine ne sont pas des faits pertinents à la demande du directeur de banque de préparer les mouvements de trésorerie de l'entreprise. Par contre, il ne faut pas que les étudiants croient que tous les problèmes de gestion se présentent de façon concise et montrent automatiquement la vérité.

Que ce soit dans les annexes ou dans le développement du cas, le rédacteur peut brouiller les pistes afin de coller le plus près possible à la réalité. C'est un choix particulièrement intéressant.

Parfois, pour donner plus de réalisme au cas, ou tout simplement pour alléger le texte, le rédacteur utilise des illustrations montrant, par exemple, le produit, la disposition des lieux, l'organigramme de l'entreprise, etc.

Depuis quelques années, on écrit des cas accompagnés d'une disquette où l'on retrouve, par exemple, des données financières. L'étudiant sera appelé à travailler sur un micro-ordinateur à l'aide de logiciel approprié.

Il arrive également que l'on invite en classe les personne qui font l'objet du cas. Cette approche est plus « vivante » (en anglais, on dit *living cases*). Cela comporte des avantages et des inconvénients. Les avantages : les étudiants manifestent un intérêt accru à une présence en classe, car elle apporte un maximum de réalisme et stimule la discussion. Les inconvénients : il y a des risques à laisser parler en classe des personnes qui ont vécu le cas de l'intérieur. Il arrive parfois que la discussion cesse et que l'exercice se transforme en monologue. L'enseignant doit exercer un certain contrôle sur les invités en ne les laissant intervenir que vers la fin de l'exercice.

Ce genre de discussion est en soi une forme d'apprentissage, mais lorsqu'arrive la période de questions posées aux invités, on peut se demander s'il s'agit encore de la méthode des cas ou plutôt de la méthode socratique ! Des personnes, compétentes dans leur domaine respectif, ne se transforment pas en enseignants parce qu'elles mettent les pieds dans une salle de cours. Le besoin de justifier une décision douteuse ou de trop valoriser une bonne stratégie peut amener les invités à détourner l'attention de la classe, consciemment ou non, de son objectif d'apprentissage. C'est un piège à éviter. L'invité ne se présente pas en classe pour régler ses problèmes, mais plutôt pour contribuer à un exercice pédagogique. Cette période passée avec les étudiants et l'enseignant ne doit pas se transformer en période de consultation.

La note pédagogique

Les enseignants n'utilisent pas nécessairement des cas qu'ils ont rédigés eux-mêmes. Ils puisent dans des répertoires de cas ou dans des volumes publiés dans les divers domaines de la gestion. Plusieurs ont tendance à choisir des cas pour lesquels le rédacteur a pris le soin de rédiger une note pédagogique.

Cette note n'est pas un corrigé du cas. Son importance varie beaucoup d'un cas à un autre. La note pédagogique fournit, en général, l'information suivante :

- un énoncé de l'objectif pédagogique visé :

  Ce cas est généralement utilisé dans un cours d'introduction en finance au baccalauréat. Il sert à illustrer la notion de mouvement de trésorerie dans une PME.

- des calculs (ratios, arbre de décision, etc.) lorsque le cas s'y prête ;
- des indications sur les principaux thèmes qui risquent d'être soulevés lors de la discussion ;
- des références à des textes qui traitent des aspects théoriques du cas.

Dans la mesure où le rédacteur désire étendre l'utilisation d'un cas à d'autres enseignants, il est important de leur fournir ce document. Tout d'abord, la note pédagogique aide les enseignants à mieux enseigner, ensuite à éviter que le cas soit utilisé dans un contexte inapproprié.

3.3 CONCLUSION

La rédaction et l'enseignement de cas sont l'envers et la face d'une pièce de monnaie ou, si l'on préfère, les deux membres d'un binôme qui relient les principaux éléments qui ont un effet direct sur l'efficacité et le succès de la méthode des cas.

$$\mathbf{S = f[k(E + R)n]}$$

Le *succès* (S) de l'enseignement du management par la méthode des cas est *fonction* (f) :

- d'une série de *paramètre* (k), comme la volonté institutionnelle de consacrer des ressources matérielles, la préparation et l'expérience pratique des étudiants, l'étendue de l'utilisation de la méthode des cas dans le programme ;

- de la qualité de l'*enseignement* qui est offert (E) combinée à des efforts de *rédaction* de cas (R) à saveur locale ;
- le tout prenant de l'*importance* (n) selon le degré d'utilisation de cette méthode dans le programme.

De façon générale on enseigne mieux, ou du moins on se sent plus à l'aise pour enseigner des cas quand on en rédige soi-même. Cela devrait motiver les enseignants, qui croient au bien-fondé de la méthode des cas, à se prêter à l'exercice, car plusieurs d'entre eux sont déjà familiers à la rédaction d'articles.

Nos établissements, notre culture en affaires ainsi que notre esprit d'entrepreneurship bien particulier ne sont que quelques-uns des éléments qui devraient nous encourager à renouveler notre banque de cas à notre image.

Un rappel, en terminant. L'objectif poursuivi, c'est l'amélioration de l'apprentissage de la gestion. L'atteinte de cet objectif constitue la pierre angulaire pour mesurer la pertinence d'une méthode ou d'un outil pédagogique. La rédaction de cas n'est pas une fin en soi ; elle n'est que l'un des nombreux outils accessibles à l'enseignant pour enrichir son enseignement.

NOTES

1. CULLITON, James A. *Handbook on Case Writing,* Asian Institute of Management, 1973, p. 1.
2. LEENDERS, M. et J.A. ERSKINE. *The Case Writing Process,* Research and Publications Division, School of Business Administration, University of Western Ontario, 1978, p. 2.
3. BENNETT, J.B. et B. CHAKRAVARTHY. « What Awakens Student Interest in a Case ? », *HBS Bulletin,* mars-avril, 1978, p. 12.

BIBLIOGRAPHIE

ALLAIRE, Y. et M. FIRSIROTU. « Penser la stratégie et la réaliser », dans *La direction des entreprises : concepts et applications*, Montréal, R. Miller éditeur et McGraw-Hill Éditeur, 1988.

ANDREWS, K. *The Case Method of Teaching Human Relations and Administration*, Cambridge, Harvard University Press, 1955.

ARBOUSSE-BASTIDE, P. *La méthode des cas et la formation au commandement*, Paris, Dunod, 1963.

ARGUIN, G. « Le plan de cours : élément d'une planification stratégique », dans *Actes du Congrès de Montréal*, AIPU, 1990.

AXELROD, J. « From Counterculture to Counter-Revolution : A Teaching Career, 1959-1984 », dans *New Directions for Teaching and Learning*, n° 1, 1980, p. 7-20.

BÉDARD, M.G. et R. MACDONALD. « L'analyse de cas en administration », dans *La direction des entreprises : concepts et applications*, Montréal, McGraw-Hill Éditeurs, 1985.

BENNE, K.D. « La méthode des cas dans la formation des directeurs administratifs », dans *Revue Hommes et Techniques*, n° 169, 1959.

BENNET, E.D. *et al. Business Policy : Cases in Managerial Decision Making*, Columbus, Ohio, C.E. Merril Publishing Company, 1970.

BENNETT, J.B. et P. CHAKRAVARTHY. « What Awakens Student Interest in a Case ? », dans *HBS Bulletin*, mars-avril 1978, p. 12-15.

BURSK, E.C. *How to Increase Executive Effectiveness*, Pittsburg, Harvard University Press, 1954.

BURTON, W.H. *Education for Professional Responsibility*, Pittsburg, Carnegie Press, 1946.

CLAWSON, J.B. et C.F. SHERWOOD, Jr. « Mapping Case Pedagogy », dans *The Organizational Behavior Teaching Review*, vol. 11, n° 1, 1986-1987, p. i-9.

CROW, M.L. « Teaching in an Interactive Process », dans *New Directions for Teaching and Learning*, n° 1, 1980, p. 41-56.

CULLITON, James A. *Handbook on Case Writing*, Asian Institute of Management, Makati, Philippines, 1973.

DAVIES, I.K. *L'art d'instruire*, Suresnes, Paris, Éd. Hommes et techniques, 1976.

DE BRUYNE, P. « Introduction à la méthode des cas dans l'enseignement de l'administration des entreprises », dans *Annales de sciences économiques appliquées*, Tome XV, 2, 1957.

FONTAINE, F. *Les objectifs d'apprentissage*, Service pédagogique (document interne), Montréal, Université de Montréal, 1980.

HARVARD BUSINESS SCHOOL. *Introduction to Written Analysis of Case* (document), EA-G-309, Cambridge, 1967.

HARVARD BUSINESS SCHOOL. *Note on the Use of Evidence* (document), EA-G-312R, Cambridge, 1968, révisé en 1969.

HARVARD BUSINESS SCHOOL. *Problem Identification* (document), EA-G-334, Cambridge, 1971.

HUNT, P. « The Case Method of Instruction », dans *Harvard Educational Review*, vol. 21, n° 3, 1951.

JAIN, S. *et al. Case Writing do's and don'ts*, Chapel Hill, Dept. of Health Admin., University of North Carolina, 1975.

LEENDERS, M. et J.A. ERSKINE. *The Case Writing Process*, London, Research and Publications Division, School of Business Administration, University of Western Ontario, 1978.

LOCKLEY, L.C. *et al. The Case Methode, Cases in Marketing*, Allyn and Bacon Inc., 1971.

MCNAIR, M.P. *The Case Method at the Harvard Business School*, New York, McGraw-Hill Book Company, 1954.

MUCCHIELLI, R. *La méthode des cas*, Paris, Entreprise moderne d'édition, Librairies techniques, Les Éditions ESF, 1972.

PIGORS, P. *Case Method. Training and Development Handbook*, New York, McGraw-Hill Book Company, 1967.

PITSILADIS, P. « A Guide to the Case Method and Report Writing » (manuscrit), Montréal, Université Concordia, 1975.

RONSTADT, R. *The Art of Case Analysis. A Guide to the Diagnosis of Business Situations*, Boston, Lord Publishing, 1977.

SCHNELLE, E. *Case Analyses and Business Problem Solving*, New York, McGraw-Hill Book Company, 1967.

WASSON, C.R. *Introduction : Case Analysis. Cases in Buying Behavior and Marketing Decisions*, Challenge Books, 1969.

Achevé d'imprimer au Canada

Imprimerie Gagné Ltée Louiseville